MERIAN live!

Queensland

Bruni Gebauer
Stefan Huy

GU GRÄFE UND UNZER

Dem Wassersport frönen in Queensland Einheimische und Besucher

Inhalt

Willkommen in Queensland

Queensland erleben

Sehenswerte Orte und Ausflugsziele

Routen und Touren

Wichtige Informationen

Karten und Pläne

Bescheidene Queenslander nennen ihre sonnenverwöhnte Heimat »Australia's Sunshine State«, für andere ist er gar »God's own«, Gottes eigenes Land.

Jeder zweite internationale Australientourist – von insgesamt jährlich über vier Millionen – besucht Queensland, Tendenz steigend. Tatsächlich ist der Sonnenstaat im faszinierenden Nordosten des fünften Kontinents wie geschaffen, Traumurlaube wahr werden zu lassen: strahlend weiße Strände an tropischen und subtropischen Küsten, malerische Inseln und Eilande nahe der märchenhaften Unterwasserwelt des **Great Barrier Reef**, die aufregende Pflanzen- und Tierwelt des immergrünen Regenwaldes und die betörende Einsamkeit der staubigen und heißen Wüsten im entlegenen **Outback**.

In Queensland kommen Wassersportler und Sonnenanbeter ebenso auf ihre Kosten wie Naturliebhaber, Wanderer und Abenteurer. An der dicht besiedelten Küste sorgt urbanes Leben für viel Atmosphäre und Lebensart. In den fruchtbaren Tälern der sich von Norden nach Süden erstreckenden **Great Dividing Range** liegen gemütliche Dörfer, umgeben von satten Wiesen und Weiden.

Brisbane ist mittlerweile die drittgrößte Stadt Australiens

Ein Land der Extreme

Mit 1 730 000 Quadratkilometern ist Queensland etwa fünfmal so groß wie die Bundesrepublik Deutschland. Doch leben nur 3,2 Millionen Menschen in dem zweitgrößten Bundesstaat, der mehr als ein Fünftel des australischen Kontinents ausmacht. Entsprechend gewaltig sind die Entfernungen: Über 2500 Kilometer liegen zwischen Süden und Norden, fast zwei Tage dauert die Autofahrt von der Hauptstadt **Brisbane** zur Touristenmetropole **Cairns**.

Die Distanzen ins Landesinnere fallen nur unwesentlich geringer aus: Bis zu 1500 Kilometer mißt die Ost-West-Ausdehnung. Kein Wunder, daß Fliegen beinahe so alltäglich ist wie anderswo Taxifahren. Schlagen Sie sich aus dem Kopf, von der Küste aus mit dem Auto für zwei Tage einen Abstecher ins richtige **Outback** zu machen. So lange dauert allein die Hinfahrt – zum Beispiel nach **Birdsville** im äußersten Südwesten, wo unter Umständen jahrelang kein Regen fällt. Den gibt's dafür reichlich im tropischen **Nordosten**, vor allem während der Regenzeit von Dezember bis März, wenn meist nachmittags heftige Schauer niederprasseln, die bei Temperaturen um 30 °C eine unangenehme Schwüle verbreiten. Der äußerste Norden ist ebenso siedlungsfeindlich und entsprechend menschenleer wie der Westen.

Ganz anders der Küstenabschnitt um Brisbane, wo knapp

Kuranda: Im Tjapukai Dance Theatre gewähren Aborigines faszinierende Einblicke in ihre Kultur

die Hälfte der Bevölkerung Queenslands lebt. Hier erstreckt sich auch das touristische Ballungszentrum der **Gold Coast**. Auf der belebten und lauten Promenade von **Surfers Paradise** kann man sich nur schwer vorstellen, daß einige hundert Kilometer weiter westlich Kinder per Funk unterrichtet werden, weil die nächste Schule eine Tagesreise entfernt ist.

Noch viel weiter ist der Weg an die Küste, die auf insgesamt über 4000 Kilometern Länge zahllose herrliche Badestrände und tolle Surfreviere bietet. Sie werden wiederum überboten von den Wassersportparadiesen der vorgelagerten Inseln mit sensationellen Schnorchel- und Tauchrevieren, die nur von den bunt schillernden Korallengärten des **Great Barrier Reef** in den Schatten gestellt werden. Von **Papua-Neuguinea** bis **Gladstone** an der Ostküste Queenslands erstreckt sich über 2000 Kilometer das »achte Weltwunder«, das noch vom Mond aus erkennbar ist.

Känguruhs, Koalas und Krokodile

Die exotische Tierwelt von Queensland läßt Besucher staunen, aber lehrt sie auch das Fürchten. Während hüpfende Beuteltiere wie **Känguruhs** und die kleineren **Wallabies** einem allenfalls gefährlich werden können, weil sie auf einer Straße vor das Auto geraten, ist mit **Krokodilen** nicht zu spaßen. Die Warnung gilt weniger den zierlichen Alligatoren (**freshies**) als vielmehr den mächtigen Salzwasserkrokodilen (**salties**), die in tropischen Flüssen und Mündungsbereichen auf der Lauer liegen und deren breites Riesenmaul nichts mehr losläßt, was es einmal zwischen den Reißzähnen hat. »Aussis«, wie sich die Australier gerne selber nennen, lieben es, Fremde mit Schreckensgeschichten von blutrünstigen Krokodilen zu schokken. Glauben Sie nicht alles, aber halten Sie sich fern von Gewässern, an denen Warnschilder angebracht sind.

Queenslands Wildnis beherbergt giftige Schlangen, Spinnen und Insekten, aber auch possierliche Tiere wie den **Koala-Bär**, Vorbild unserer Teddybären, und den scheuen **Platypus**, ein biberähnliches, eierlegendes Pelztier, dessen breiter, flacher Schnabel an den einer Ente erinnert. Weil immer mehr Wälder gerodet wurden, hat die Zahl der sich von

Vorsicht Autofahrer: Manchmal kreuzen Känguruhs die Straße...

Eukalyptusblättern ernährenden Koalas erschreckend abgenommen. Selten in freier Natur, doch in allen Tierparks kann man die verschlafenen Beuteltiere aus der Nähe bewundern.

Emus, den straußähnlichen Laufvögeln, werden Sie dagegen häufiger begegnen, sowohl in den endlosen Ebenen des Outback als auch an manchen Rasthäusern, wo sich das dreiste Federvieh aufs Betteln verlegt hat. Von **Dingos**, den Wildhunden, sieht man meistens nur die Spuren ihrer Pfoten im Staub.

Ausgerechnet in den angenehm temperierten Küstengewässern im tropischen Norden von Queensland trübt eine durchsichtige, tödliche Quallenart, **stinger** oder **box jelly fish** genannt, die Badefreuden, zumindest zwischen Oktober/November und April. An den Inseln weiter draußen kann man sich dagegen das ganze Jahr über getrost in in die Fluten stürzen.

Die Tier- und Pflanzenwelt wird in Queensland in über 300 Nationalparks geschützt, nachdem ein großer Teil von Pflanzen und Tieren in den ersten 180 Jahren weißer Besiedlung ziemlich dezimiert worden sind. Einige der Parks umfassen einzigartige Landschaften, die zu den wertvollsten der ganzen Welt zählen, zum Beispiel den 130 Millionen Jahre alten **Regenwald** im Far North von Queensland, das Wüstengebiet der **Simpson Desert** und natürlich das durchschnittlich zwei Millionen Jahre alte **Great Barrier Reef**.

Von der Steinzeit in die Neuzeit

Etwa 50 000 Jahre, bevor die ersten europäischen Seefahrer Australien sichteten, hatten dunkelhäutige Nomaden, die Vorfahren der **Aborigines**, die Landmasse von Norden her besiedelt. Wegen der isolierten Lage des Kontinents bewahrten die Menschen über Jahrtausende hinweg ihre naturnahe Steinzeitkultur. Feste Behausungen gab es nicht, und Hab und Gut waren auf das notwendigste beschränkt, so daß die Stämme schnell zu neuen Jagdgründen aufbrechen konnten.

Die Ureinwohner entwickelten bewundernswerte Fähigkeiten, sich in der unendlichen Weite zurechtzufinden und lange Märsche durch wasserlose Steppen zu bewältigen. Ihr Wissen und ihre Kultur überlieferten sie der nächsten Generation in Form von Erzählungen aus der »**Traumzeit**« (**Dreamtime**), einer Fülle von Mythen und Legenden, die sich mit den Anfängen allen Lebens ebenso beschäftigt wie mit dem Tod. Felsmalereien waren eine Möglichkeit, sich auszudrücken. Naturfarbstoffe wie Ocker, weißer Ton und dunkle Holzkohle wurden mit Wasser oder Blut vermischt und mittels Tierfett haltbar gemacht. Doch die in Höhlen und unter Felsüberhängen noch heute gut sichtbaren, primitiven Abbildungen von Schlangen, Känguruhs, Krokodilen und Schildkröten müssen nicht zwangsläufig Tausende von Jahren alt sein. Denn auch nach der

Besiedlung durch die Europäer im 19. Jahrhundert fertigten Aborigines ihre traditionellen Felsmalereien an.

Je mehr Siedler Land an sich rissen und je mehr Gold und Edelsteine entdeckt wurden, desto weiter wurden die Aborigines zurückgedrängt. Grausame Massaker und eingeschleppte Infektionskrankheiten hatten das Naturvolk schnell dezimiert. Der plötzliche Sprung in die Zivilisation der Neuzeit zerstörte jahrtausendealte soziale Strukturen und Bindungen.

Im Norden von Queensland waren die kriegerischsten Stämme zu Hause, die sich länger als die Aborigines im restlichen Australien gegen die Übermacht der weißen Siedler wehrten. Doch letztlich war auch ihr Kampf vergebens. Die Anfänge der europäischen Besiedlung sind sicherlich das schwärzeste Kapitel australischer Geschichte. Relativ unbeschadet leben die Aborigines in den selbstverwalteten Reservaten im entlegenen Norden von Queensland. Am schlimmsten sind die dran, die ihre Tage in den schmuddeligsten Kneipen der Städte verbringen.

Der ehemalige Premierminister Paul Keating sagte Ende 1992 anläßlich der Gründung eines Aborigine-Rates der Aussöhnung: »Wir nahmen das Land der Ureinwohner und zerstörten ihre traditionelle Lebensweise. Wir brachten die Krankheiten und den Alkohol. Wir praktizierten Diskriminierung und Ausgrenzung. Durch unsere Unwissenheit und unsere Vorurteile waren wir nicht in der Lage uns vorzustellen, wie es wäre, wenn **uns** solche Dinge wiederführen.« Inzwischen bemüht man sich, zu

Die bekannteste Tauch- und Schnorchellandschaft der Welt: Great Barrier Reef

erhalten, was von der Aborigine-Kultur noch übrig ist, mit speziellen Tour-Angeboten sowie Freilichtmuseen und Kulturparks wie zum Beispiel in **Cairns**.

»G'day«: Australier sind gastfreundlich und aufgeschlossen

Vielleicht liegt es am heißen Klima, das die Menschen zwingt, alles gelassener anzugehen und ihre liebenswerte Seite nach außen zu kehren. Alle nennen sich beim Vornamen, und sollte der (noch) unbekannt sein, sagt man **mate** (Kumpel) – sofern Männer unter sich sind. Das ist in der Regel in den Kneipen außerhalb der größeren Städte der Fall, wo die mates dann ungehemmt über **sheilas** (Weiber) herziehen können.

Der hohe Anteil an älteren Menschen mag mit ein Grund sein, daß die Queenslander als ausgesprochen konservativ verschrien sind. Als während der siebziger und achtziger Jahre in allen anderen Bundesstaaten Gesetzgebungen zur Homosexualität, Empfängnisverhütung, Abtreibung und zum Demonstrationsrecht liberalisiert wurden, blieb Queensland stur. »Für die im Süden mag das alles in Ordnung sein, aber nicht für uns«, ist noch heute eine landläufige Meinung, wenn es gilt, Reformen durchzuführen.

Dabei spielte Queensland in den Pioniertagen eine Vorreiterrolle. Hier wurde die nationale Fluglinie **Qantas** gegründet, begannen die **Flying Doctors** mit der medizinischen Versorgung des Outback, liegen die Wurzeln der australischen **Labour Party** und entstand Australiens inoffizielle Nationalhymne, die »Waltzing Matilda«. Heute ist Brisbane die am schnellsten wachsende Stadt in Australien, und Queensland erlebt einen regelrechten Bevölkerungsboom. Vielleicht verstehen Sie während Ihres Aufenthaltes, warum das so ist!

LESETIP

Australiens einziger Literatur-Nobelpreisträger, **Patrick White**, schrieb 1957 den Roman **Voss**. Als Hauptfigur fungiert der Berliner Forscher Ludwig Leichhardt, der 1884 eine waghalsige, knapp 5000 Kilometer lange und acht Monate dauernde Land-Expedition von Moreton Bay (Brisbane) bis zur Coburg Peninsula im Northern Territory unternahm – eine bis heute anerkannte Pioniertat.

Knapp 20 Stunden dauert der Flug von Frankfurt nach Brisbane. Doch die Konkurrenz unter den Airlines sorgt dafür, daß die Flugpreise bezahlbar bleiben.

Mit dem Flugzeug

Die schnellste Flugverbindung nach Queensland führt ab Frankfurt oder Wien (**Lauda Air**) über Südostasien, z. B. Bangkok oder Singapur. Und Fluggesellschaften wie **Qantas** oder **Singapore Airlines** vermitteln sehr günstige Stopover-Angebote in den Metropolen. Fragen Sie verschiedene Spezialveranstalter (z. B. **Kiwi Tours** in München) und Ticket-Händler (z. B. **Explorer** in Düsseldorf) nach den günstigsten Tarifen. Die australische Hauptsaison dauert von November bis April, aber die beste Reisezeit für Queensland liegt zwischen April und November. Da bekommen Sie erhebliche Preisnachlässe.

Tip: Qantas fliegt täglich mit einem kurzen Stopp in Bangkok oder Singapur direkt nach Cairns und Brisbane und schließt in das internationale Ticket auch einen Inlandsflug mit ein. Es empfiehlt sich, einen Queensland-Trip in Brisbane zu beginnen und in Cairns zu beenden (oder umgekehrt), meiden Sie möglichst den überlasteten Sydney Airport.

Innerhalb von Queensland haben **Flight West** (Ansett) und **Sunstate Airlines** (Qantas) ein dichtes Flugnetz, das auch kleinere Orte einschließt. Erkundigen Sie sich bei den beiden Airlines nach preiswerten **Air-Pässen** (bzw. Coupons), die meist vor dem Abflug nach Australien erworben werden müssen.

Qantas
Tel. 0 69/29 90 02-0,
Fax 29 90 02-31

Ansett
Tel. 0 69/17 56 17, Fax 17 49 49
(gebührenfrei in Deutschland: 01 30/81 88 78)

Während des Flugs

Die Flugzeit von Frankfurt nach Brisbane beträgt (mit einem Stopp in Singapur) ca. 18 Stunden. Machen Sie es sich gemütlich im Flugzeug: bequeme Kleidung, Ohrstöpsel, ein paar warme Extra-Strümpfe (um die Schuhe während des Flugs ausziehen zu können), ein leichter Pullover, Creme für die Lippen, Rasierer bzw. weitere Utensilien für die Morgentoilette, eine Augenklappe und eine (aufblasbare) Nackenstütze sind ebenso sinnvoll wie Reiselektüre. Trinken Sie wenig Alkohol, auch wenig Tee und Kaffee, dafür aber viel Wasser (ohne Kohlensäure).

deal ist, wenn Sie möglichst viele Fortbewegungsmittel in Queensland miteinander kombinieren. Aber unterschätzen Sie bei der Reiseplanung nicht die riesigen Distanzen.

Mit dem Auto

In Australien wird links gefahren, die Höchstgeschwindigkeit, in Siedlungen beträgt 60 km/h, auf Landstraßen 100 km/h, selten 110 km/h, was sehr häufig mit Radarfallen überwacht wird. Alle Insassen müssen Sicherheitsgurte tragen, die Promillegrenze beträgt 0,5. Der Liter Benzin kostet 70 bis 80 Cents. Gegen Vorlage der Mitgliedskarte eines europäischen Automobil-Clubs erhalten Sie beim **RACQ** (Royal Automobile Club of Queensland, S. 37) verbilligte Straßenkarten und teilweise kostenlose Hilfe bei einer Panne.

Mietwagen

Der Fahrer muß mindestens 21 Jahre alt sein. Erkundigen Sie sich zuvor, welche Strecken Sie nicht befahren dürfen und ob Einweg-Mieten möglich sind. Einen neuwertigen Mittelklasse-Wagen (mit Automatik) bekommt man ab ca. 55 A$ pro Tag (z. B. **Shoestrings**, Brisbane, Tel. 07/268 3334, Fax 268 3335), einen Geländewagen ab ca. 130 A$ pro Tag. Schließen Sie beim Mietwagen eine **Versicherung** ohne Selbstbeteiligung im Schadensfall ab (Collision Damage Waiver, ca. 5 A$ pro Tag, deutlich mehr bei Geländewagen). Ein **Wohnmobil** macht unabhängig, kann aber in den tropischen Regionen von Queensland auch für »schwüle Nächte« sorgen. Fahrten auf den Pisten nördlich von Cairns sollten Sie mit einem vierradangetriebenen **Bushcamper** (für zwei Personen, zwischen 130 und 160 A$ pro Tag) unternehmen, die Hauptstraßen im Outback (z. B. Matilda Highway) sind auch mit einem konventionellen Wohnmobil (4-Bett-Camper zwischen 120 und 190 A$) zu befahren. Weitere Infos über **Brits: Australia** (→ Queensland von A bis Z, Auskunft, S. 116).

Busse

Die klimatisierten Überland-Busse sind eine günstige Alternative zum Auto. Entlang der Küste zwischen Brisbane und Cairns herrscht ein reger Verkehr, ebenso auf Routen ins Landesinnere (z. B. nach Longreach, Charters Towers etc.) sowie auf Teilstrekken des Matilda Highway. Erkundigen Sie sich bei Spezialveranstaltern zu Hause nach preisgünstigen Bus-Pässen (z. B. von Greyhound-Pioneer und McCafferty's).

Zugverbindungen

Reisen mit dem Zug in Queensland hat einen einmaligen Erlebniswert: Kuriose Reisen durchs Niemandsland unternehmen Sie im **Savannahlander** (von Mount Surprise nach Forsayth, ca. fünf Stunden sowie Übernachtung in Forsayth, Bus-Transfer zu den Undara Lava Tubes) und mit dem **Gulflander** von Normanton nach Croydon. Zwischen Brisbane und Cairns verkehren der einfache **Spirits of the Tropics** (ca. 129 A$ einfache Fahrt), der **Sunlander** mit Schlafwagen (ca. 250 A$) und der luxuriöse **Queenslander** (ca. 500 A$, Routen und Touren, → S. 114). Der **Spirit of the Outback** fährt über Rockhampton nach Longreach (ca. 230 A$), und die kürzeste, landschaftlich aber reizvolle Verbindung ist die **Kuranda Scenic Railway** von Cairns nach Kuranda. Der **Inlander** verkehrt von Townsville nach Mount Isa, der **Westlander** von Brisbane nach Charleville. Weitere Informationen über Zug-Pässe und Buchungen beim Generalagenten von Queensland Rail: **Brits: Australia** (→ Queensland von A bis Z, Auskunft, S. 116). Wenn Sie verschiedene Transportmittel benutzen wollen, ist das Buch »Travel Times Australia« mit allen Zug-, Bus- und Fährverbindungen hilfreich.

Die preiswertesten Touren und Transportmöglichkeiten können Sie buchen bei:

YHA-Travel Centre
– Brisbane
154 Roma St.
Tel. 07/3236 1680,
Fax 3236 1702
– Cairns
20–24 Mc Leod St.
Tel. 070/31 1705, Fax 31 3158

DER BESONDERE TIP

Unterwegs im Outback Links und rechts vom Matilda Highway können Sie mit einem Allrad-Fahrzeug Touren in die Einsamkeit unternehmen. Beachten Sie, daß vor allem im Norden von Queensland (Cape York) auf einigen Routen Aborigine-Territorium durchquert wird und eine Erlaubnis zuvor beantragt werden muß (Infos über RACQ). Vorsicht vor Rindern, Emus und Känguruhs in der Dämmerung! Erkundigen Sie sich, wie man Reifen wechselt, und bleiben Sie im Falle einer Panne bei Ihrem Auto. Nehmen Sie ein Zwei-Wege-Funkgerät, eine Ersatz-Plastik-Windschutzscheibe und einen Wasservorrat von acht bis zehn Litern pro Person mit, der bei jeder Gelegenheit aufgefüllt werden sollte.

Queensland bietet Unterkünfte für jeden Geldbeutel – vom exklusiven Insel-Resort oder geräumigen Strand-Apartment bis zum günstigen Motelzimmer.

Trauen Sie nicht jedem Hotelschild. Oft verbirgt sich dahinter nur eine Kneipe, die einen Schlaftrunk, aber keine Bettstatt bietet. Und schauen Sie sich das Zimmer in Motels ruhig kritisch an, bevor Sie den Koffer aus dem Auto holen. Unterkünfte vorab reservieren sollten Sie in der Weihnachts- und Osterzeit; zu Engpässen kann es auch an Feiertags-Wochenenden in Cairns, Port Douglas und in Noosa Heads kommen. Die meisten Motels, vor allem die Resorts der Whitsunday Islands, bieten preiswerte **stand-by rates** an. Um den günstigsten Preis zu erhalten, fragen Sie nach der **corporate rate**. Wenn Sie auf »Nummer Sicher« gehen wollen: Hotelpässe werden in Deutschland angeboten von **Flag International** (Tel. 0 69/ 29 39 29), **SPHC** (ab 130 A$ pro Übernachtung, Tel. gebührenfrei in Deutschland 01 30/29 44) und der **Accor-Hotelkette** (Dreamtime Hotel Pass, Tel. 0 61 96/48 38 00). Die Pässe sind etwas preiswerter als die ausgewiesenen Zimmerpreise, sicher aber teurer als Sonderangebote »vor Ort«.

Port Douglas bei Cairns bietet eine gute Hotelauswahl

Backpacker Hostels und Jugendherbergen

Ein Mitgliedsausweis für Jugendherbergen (keine Altersbeschränkung, ca. 24 A$) sichert neben einem Bett in den immer komfortableren YHA-Herbergen auch erstaunliche Rabatte bei Fluggesellschaften, Bussen und Zügen. Die Backpacker-Szene (Reisende mit Rucksack) ist bestens organisiert, und die Hostels sind ein idealer Treffpunkt für junge Leute. Ein **bunkbed** (Etagenbett) im Mehrbettzimmer kostet ca. 11 A$, ein Doppelzimmer um die 16 A$ pro Person. Nehmen Sie einen Schlafsack und Laken mit.

Bed and Breakfast

Die sogenannten **guesthouses** schießen allerorten wie Pilze aus dem Boden, die Qualität ist recht unterschiedlich, die Preise liegen zwischen 50 und 100 A$ für zwei Personen. B & B-Führer gibt es in Buchhandlungen.

Camping

Über einen guten Standard verfügen die **Big-4-Campingplätze** (ca. 17 A$ für zwei Personen und Wohnmobil), die meist auch Hütten anbieten (ca. 45 A$). Bevor Sie in einem der fast 100 Nationalparks im Zelt übernachten, müssen Sie sich ein **camping permit** beim Department of Environment and Heritage (→ Brisbane, Service, S. 36) besorgen. Packen Sie auf jeden Fall immer ein Moskitonetz ein.

Ferienhäuser und Apartments

Ideal für Familien und Paare sind Apartments mit mehreren Schlafzimmern und Küche, die man am günstigsten vor Ort bucht. Je nach Lage, Größe und Ausstattung variiert der Preis zwischen 90 und 160 A$ pro Tag für bis zu vier Personen. In Ferienzeiten steigen die Preise deutlich an, die Mindestaufenthaltsdauer beträgt zwei bis drei Tage. Eine große Auswahl haben Sie entlang der Gold Coast und Sunshine Coast sowie rund um Cairns und Port Douglas. Außergewöhnlich schöne Villen vermittelt **Australien Villas** (ca. 150 bis 420 A$ pro Übernachtung, Tel. 03/534 0859, Fax 525 4308).

Insel-Resorts

Urlaub in den Ferienanlagen des Great Barrier Reef kann mit ein wenig Flexibilität und außerhalb der Ferienzeiten günstig vor Ort gebucht werden, z. B. beim **Queensland Government Travel Centre** in Brisbane (→ Brisbane, Service S. 36) oder in den Orten auf dem Festland, von denen aus man auf die jeweilige Insel übersetzt. Infos über die ausgezeichneten **Australian Resorts** Lizard Island, Bedarra Island, Dunk Island, Brampton Island und Great Keppel Island erhalten Sie über **Qantas**. Trotz eines vergleichsweise guten Preis-Leistungs-Verhältnisses müssen Sie pro Person/Tag (meist inklusive Verpflegung) zwischen 150 und 300 DM einkalkulieren.

Motels

Die Auswahl ist groß, meist liegen die Motels (nach amerikanischem Vorbild) an den Haupteinfallstraßen der Städte, im Durchschnitt kostet das zweckdienlich eingerichtete Doppelzimmer mit Klimaanlage ca. 75 A$ plus Frühstück, das meist im Zimmer serviert wird.

Lektüre hilft bei der Zimmersuche

Besorgen Sie sich bei der Ankunft in Brisbane oder Cairns entsprechende Nachschlagewerke, z. B. den »Queensland Accomodation Guide« beim Automobil-Club RACQ, ein »Bed & Breakfast«-Buch in der Buchhandlung oder das Verzeichnis »Camping in National Parks« beim **Department of Environment and Heritage** (→ Brisbane, Service, S. 36). Der **RACQ Travel Service** informiert auch ausführlich über Aufenthalte auf den riesigen **Outback Stations** (Brisbane, 300 St. Pauls Terrace, Fortitude Valley, Tel. 07/3361 2390, Fax 3257 1504).

Hotels sind bei den einzelnen Orten im Kapitel »Sehenswerte Orte und Ausflugsziele« beschrieben.

Preisklassen
Die Preise gelten für eine Übernachtung im Doppelzimmer für zwei Personen ohne Frühstück.
Luxusklasse ab 250 A$
Obere Preisklasse bis 250 A$
Mittlere Preisklasse bis 140 A$
Untere Preisklasse bis 70 A$

Der besondere Tip

Undara Lava Lodge Die Lodge ist das kurioseste Hotel in ganz Queensland: 15 sorgfältig restaurierte Eisenbahnwaggons (**carriages**) bieten den Gästen 30 komfortable Schlafabteile mit schweren, goldfarbenen Ventilatoren und Holzjalousien an den Fenstern. Die Lodge im Niemandsland des Outback ist auch Ausgangspunkt für Touren zu den Undara Lava Tubes, Basalttunneln vulkanischen Ursprungs. Tel. 070/97 1411, Fax 97 1450, Mittlere Preisklasse (AE, EC, Visa). ■ C 5

Während in Küstennähe frischer Fisch und zarte Fleischspeisen serviert werden, tischt man im Outback deftige australische Hausmannskost auf.

In Queensland kommen Europäer wieder auf den Geschmack von rohen Austern, frisch aufgetischt aus den sauberen Pazifikgewässern. Hier spielt das Meer Supermarkt: Alle möglichen Speisefische und Schalentiere werden gefangen und in vielen Restaurants an der Küste auf schmackhafte und originelle Weise zubereitet. Echte Gaumenkitzler sind **Moreton Bay Bugs**, eine Garnelenart, die nur in den Gewässern um Moreton Island vorkommt.

Im tropischen und subtropischen Klima gedeihen allerhand Nüsse (Macadamias) und exotische Früchte wie Ananas, Bananen und Mangos, die ohne lange Transportwege noch aromatischer schmecken.

Eingewanderte Köche aus allen Teilen der Welt haben in Queensland eine kosmopolitische Küche kreiert, die frische Zutaten mit exotischen Gewürzen, asiatischen Gartechniken, italienischen Saucen-Künsten und französischen Zubereitungs-Finessen kombiniert.

Allenfalls im Outback werden Ihnen heute noch tellergroße Steaks serviert, die so lange auf dem Grill brutzeln, bis sie »gut durch« (**well done**) und oft genug zäh wie Leder sind. Berüchtigte traditionelle Beigaben der Aussi-Küche sind hier jede Menge geschmorte Zwiebeln, in Salzwasser zerkochtes Gemüse und reichlich **chips**, wie hier die fritierten, meist grob geschnittenen Kartoffelstücke heißen.

Snack Bars und Gourmet-Tempel

Die vielfältige Restaurant-Szene im dichter besiedelten Teil von Queensland macht jeden satt, den anspruchsvollen Gourmet ebenso wie den hungrigen Backpacker mit kleinem Reisebudget. Zahlreiche **Fish and Chips Snack Bars**, Hamburger-Imbißketten, Pizzabäcker und asiatische Garküchen bieten überall preiswerte Gerichte an, die auch als mitgenommen werden können (**take away**). Große überdachte Einkaufszentren verfügen in der Regel über eine ausgezeichnete Imbiß-Ecke (z. B. **Pacific Fair** an der Gold Coast), in der Sie u. a. orientalische Kebabs, scharfe thailändische Suppen und japanische Sushi-Happen bekommen. Günstig können Sie auch in den meisten Pubs bzw. Hotels (Kneipen) mit angeschlossenem Restaurant essen. Am Tresen werden zusätzlich einfache **counter meals** wie Sandwiches, Hamburger oder Chips verkauft.

Reservieren Sie in populären Restaurants, insbesondere in Touristenorten und an Freitagen, rechtzeitig einen Tisch. Beachten Sie, daß, wenn Sie zu mehreren am Tisch sitzen, es nur eine Rechnung für alle (**one account per table**) gibt. An Feiertagen wird in vielen Restaurants ein Aufschlag von 15 Prozent erhoben.

Breakfast, Lunch und Dinner

Australier beginnen den Tag in der Regel mit einem kräftigen Frühstück: Das traditionelle **English breakfast** umfaßt kroß gebratenen **bacon** (Schinken), **hash browns** (Rösti), Tomate und zwei Eier, wahlweise **fried** (gebraten), **poached** (in Essigwasser gegart) oder **scrambled** (Rührei), dazu Toast mit Butter, Orangenmarmelade (**marmelade**), Konfitüre (**jam**) oder Honig (**honey**). Beliebt als Brotaufstrich ist auch **Vegemite**, ein nährstoffreicher Hefeextrakt, der aussieht wie Schoko-Creme, aber schmeckt wie ein auf der Zunge zergehender Suppenwürfel. Autraliens Kinder werden mit Vegemite groß. Nur so ist zu verstehen, daß die salzige Paste mitunter löffelweise verzehrt wird. Neben dem warmen Frühstück gibt es natürlich auch das **Continental breakfast**, das im Hotel oft **cereals** (Müsli und Körner) sowie **muffins** oder anderes süßes Hefegebäck beinhaltet. Getrunken wird Tee oder Kaffee, der dank italienischer

XXXX (sprich »fourex«): die populärste Biermarke in Queensland

Espresso-Maschinen längst auch als Cappuccino oder Milchkaffee serviert wird.

Mittags kommt nur ein bescheidener Lunch auf den Tisch. Wobei eher die Menge als die Qualität gering ausfällt. Denn wer es sich leisten kann, besucht in der Mittagspause gern die Austern-Bar im Riverside Centre in Brisbane oder schlemmt einen Meeresfrüchtesalat an der Hauptstraße in Noosa.

Tägliche Hauptspeise ist das Dinner, bei dem selbst an den fischreichen Küstengewässern Queenslands noch immer Fleischgerichte (vor allem Rind und Lamm) überwiegen. Mehr und mehr kommen die Queenslander auf den Geschmack von Känguruh- und Emufleisch, beides wirklich delikat.

Eiskaltes Bier und erstklassiger Wein

Knapp über dem Gefrierpunkt trinken die Australier ihr Bier am liebsten. Spürbare Erwärmung verhindern Manschetten, mit denen zwecks Isolation **stubbies** (Flaschen) und **tinnies** (Dosen) außerhalb des Kühlfachs versehen werden. Die populärste Brauerei in Queensland heißt **XXXX** (sprich »fourex«).

Doch der fünfte Kontinent produziert auch hervorragende Weine. Bis auf die kleine Bergregion um **Stanthorpe** im Südosten liegen alle Weinanbaugebiete außerhalb von Queensland. Um Alkohol ausschenken zu dürfen, müssen Gastronomiebetriebe im Besitz einer (kostspieligen) Lizenz sein. Der Vorteil: Restaurants ohne Lizenz offerieren in der Regel **bring your own (byo)**, was bedeutet, daß Sie Ihre alkoholischen Getränke mitbringen können und sich nach dem Essen über eine erstaunlich niedrige Rechnung freuen dürfen.

Hinter **Hotels** verbergen sich traditionell lizenzierte Gastronomiebetriebe mit Schankraum und manchmal einigen einfachen Zimmern – nicht zu verwechseln mit den moderneren reinen Beherbergungbetrieben.

Mineralwasser ohne Kohlensäure ist sowohl im heiß-trockenen als auch feucht-schwülen Klima unverzichtbar. Leitungswasser ist meist trinkbar, schmeckt aber sehr nach Chlor.

Restaurants sind bei den einzelnen Orten im Kapitel »Sehenswerte Orte und Ausflugsziele« beschrieben.

Preisklassen
Die Preise beziehen sich jeweils auf ein Hauptgericht ohne Getränke.
Luxusklasse über 30 A$
Obere Preisklasse 23–30 A$
Mittlere Preisklasse 18–22 A$
Untere Preisklasse 12–17 A$

DER BESONDERE TIP

Red Ochre Grill in Cairns Für mitteleuropäische Gaumen sind die Gerichte dieses Restaurants ein abenteuerliches Erlebnis. Zubereitet werden sie mit ungewöhnlichen Zutaten, die die Aborigines seit Jahrtausenden verwenden, z. B. bush tomatoes, muntries (kleine Beeren, die süß wie Äpfel schmecken) oder lemon myrtle (Zitronenblätter aus dem Regenwald). Einige Zutaten werden auch in Gläsern und zum Mitnehmen verkauft. Wie wäre es mit der wunderbaren »bush tomato salsa«? 43 Shields Street, Tel. 070/51 0100, Mo–Fr Lunch, tgl. Dinner, Mittlere bis Obere Preisklasse (AE, DC, EC, Visa) ■ D4

Eßdolmetscher

A

almonds: Mandeln
apple juice: Apfelsaft
asparagus: Spargel

B

bacon: Speck
beer: Bier
beverages: Getränke
billy tea: Outback-Tee
black pudding: Blutwurst
boiled: gekocht
broth: dickflüssige Suppe

C

cauliflower: Blumenkohl
cereal: Müsli/Körner
chicken: Huhn
chips: Pommes frites
chop: Kotelett
chowder: Meeresfrüchtesuppe
clams: Venusmuscheln
cod: Kabeljau
crab: Krebs
crayfish: Languste
cream: Sahne
cucumber: Gurke

D

damper: Outback-Brot
draught beer: Bier vom Faß
dry wine: trockener Wein
duck: Ente

E

egg: Ei

F

fig: Feige
fried: gebraten
fruit juice: Fruchtsaft

G

game: Wild
garlic: Knoblauch
grapes: Weintrauben
gravy: Bratensauce

H

ham: gekochter Schinken
herbs: Kräuter
honey: Honig
horseradish: Meerrettich

J

jam: Konfitüre

K

kidney: Niere

L

lager: helles Bier
lamb: Lamm
leek: Lauch
lentils: Linsen
lettuce: Kopfsalat
liver: Leber
lobster: Hummer

M

mackerel: Makrele
mashed potatoes: Kartoffelbrei
meat pie: Fleischpastete
minced meat: Hackfleisch
mushrooms: Pilze
mussels: Muscheln
mustard: Senf
mutton: Hammelfleisch

O

oil: Öl
onions: Zwiebeln
ostrich: Straußenfleisch
oxtail soup: Ochsenschwanzsuppe
oyster: Auster

P

pancake: Pfannkuchen
parsley: Petersilie
pastry: Gebäck
peanuts: Erdnüsse
peas: Erbsen
pepper: Pfeffer
peppers: Paprikaschoten
plum: Pflaume
poached eggs: verlorene Eier
pork: Schweinefleisch
porridge: Haferbrei
poultry: Geflügel
prawn: Garnele

R

rabbit: Kaninchen
rare: fast roh
rashers: Frühstücksspeck
roast: Braten
roll: Brötchen

S

salmon: Lachs
salt: Salz
sausage: Wurst
scallop: Jakobsmuschel
scrambled eggs: Rühreier
seafood: Meeresfrüchte
slice: Scheibe
smoked: geräuchert
sole: Seezunge
soup: Suppe
sour cream: saure Sahne
sparkling wine: Sekt
spirits: Spirituosen
spinach: Spinat
starter: Vorspeise
steamed: gedämpft
stewed: geschmort
stout: dunkles, starkes Bier
strawberries: Erdbeeren
stuffed: gefüllt
sweets: Süßigkeiten/Nachspeisen

T

tart: Obsttorte
trout: Forelle
tuna: Thunfisch
turkey: Truthahn

V

veal: Kalbfleisch
vegemite: Brotaufstrich aus Hefe-extrakt
vegetables: Gemüse
vinegar: Essig

W

walnut: Walnuß
well done: gut durchgebraten
whipped cream: Schlagsahne

Krokodilfleisch steht auch oft auf der Speisekarte

Dank des ganzjährig warmen Klimas ist die Auswahl an schicken Bademoden sowie luftiger Bekleidung wie T-Shirts und Shorts enorm.

Überall an der Küste, insbesondere in Brisbane und den Touristenzentren, haben sich Geschäfte auf Bade- und sommerliche Freizeitkleidung spezialisiert. Das umfangreiche Sortiment reicht von super-modischen Bikinis über farbenfrohe Sportanzüge und hautenge Jogging-Outfits bis zum sonnenstrahlenabhaltenden Strand-Dress für Kinder. Ebenso riesig ist das Angebot an bunten und oft originell bedruckten Baumwoll-T-Shirts, die im tropischen Klima besonders angenehm auf der Haut liegen. Tip: Wenn Sie gegen Ende des europäischen Winters (d. h. Ende des australischen Sommers) durch Queensland reisen, können Sie beim **Summer Sale** in fast allen Bekleidungsgeschäften echte Schnäppchen für den Sommer in Europa machen.

Outdoor Outfit – auch für Europa nützlich

Nicht nur im Outback können Sie die gewachsten, wasserabweisenden **Drizabones** kaufen. Ursprünglich wurden die wadenlangen Mäntel von den berittenen Viehtreibern (**drover** oder **stockmen**) zum Schutz gegen Staub und Regen getragen. Die passende Kopfbedeckung ist der **Akubra**, ein breitkrempiger Hut aus zu Filz gepreßten Kaninchenhaaren (circa 120 A$). Ebenfalls nicht billig sind die traditionellen **Outback Boots**, feste Stiefel mit kurzem Schaft, die es auch als modische Modelle gibt. Gute Adressen sind die Filialen von »R. M. Williams« (zum Beispiel in Brisbane in der Queen Street Mall).

Hochkarätiges

Opale gehören zu den beliebtesten Souvenirs. Rohe und geschliffene Steine werden ganz günstig in **Winton**, nahe der Minen von Opalton, angeboten. Gut sortiert ist auch »Opals Down-under« bei **Nambour**. Wenn Sie Wert auf ein modisch verarbeitetes Schmuckstück legen, sollten Sie sich allerdings in den Juwelierläden der größeren Städte umschauen. Das gleiche gilt für **Saphire**, die an den Fundstätten im **Central Highland** zahlreich und recht preiswert zu haben sind. Oder Sie begnügen sich mit weniger wertvollen steinernen Souvenirs wie **Thundereggs**, die Sie im »Golden Gem« in Gympie kaufen oder bei **Mount Hay** selbst suchen können.

Kunst und Kunsthandwerk

Bei den von kunstfertigen Aborigines gefertigten Gegenständen handelt es sich meist um Holzschnitzereien, Zeichnungen und Malereien in den traditionellen Erdtönen – oft von kultischer Bedeutung. Immer mehr kreative Künstler variieren die überlieferten Steinzeitmotive und -techniken.

In allen Souvenir-Läden finden Sie mehr oder weniger authentische **Bumerangs**. Origineller, aber auch sperriger, sind **Didgeridoos**, denen nur mit einer speziellen Atemtechnik die typischen kehligen Klänge zu entlocken sind. In den Läden der Aborigine-Kulturzentren in **Rockhampton**, **Cairns** und **Kuranda** sowie in **Brisbane** werden Sie bestimmt fündig. Ein attraktives Zentrum für westlich geprägtes Kunsthandwerk mit Keramik, Holzschnitzereien, Lederarbeiten, Strick- und Webwaren ist **Montville**. Oder Sie sehen sich auf den bunten Märkten in **Kuranda**, **Eumundi** oder **Brisbane** um.

Öffnungszeiten

Fernab der größeren Städte schließen die Läden samstags um 12 Uhr, am Sonntag haben allenfalls die **news agencys** (Zeitungsgeschäfte) und **milk bars** offen, wo Sie auch die wichtigsten Lebensmittel bekommen. Unter der Woche sind die Läden von 9 bis 17.30 Uhr geöffnet. In größeren Städten und bedeutenden **shopping centres** schließen die Geschäfte donnerstags bzw. freitags erst um 21 Uhr. Sonntags sind nur in den Innenstädten von Brisbane und Cairns Geschäfte geöffnet. **Bottle Shops** verkaufen montags bis samstags Alkohol bis circa 22 Uhr, sonntags bis 20 Uhr.

DER BESONDERE TIP

Jill Taylor in Blackall Was die Outback-Farmerin aus Silber zaubert, sind einzigartige filigrane Outback-Schmuckstücke: **Akubra** (Hut), **Billy** (Wasserkessel), **Matilda** (Schlafmatte) Fangseil und Windrad – alles im Miniaturformat als Ohrgehänge, Armband, Kette, Brosche oder Schlüsselanhänger. Auf Anfrage verschickt Jill einen Katalog, Sie bestellen und geben Ihre Kreditkarten-Nummer an. Eine Schmuck-Auswahl führen die Stockman's Hall of Fame in Longreach, die Flying Doctors in Mount Isa und die News Agency in Blackall. Jill Taylor, »Coolagh«, Blackall, Tel. 076/57 5954, Fax 57 5040. ■ C 8

Ob geschützte Strände, warme und seichte Gewässer an den Koralleninseln oder hoteleigene Swimmingpools: Die Kinder kommen voll auf ihre Kosten.

Selbst einfache Motels verfügen über Swimmingpools, wo die Kleinen im Wasser herumtollen können. Hohe Einzäunungen sollen verhindern, daß Kleinkinder unbemerkt ins Becken fallen und ertrinken. Ausgewiesene Strandabschnitte an der Küste Queenslands werden von **Life Guards** (Lebensrettern) beaufsichtigt. Nur wenn Ihr Nachwuchs gut mit dem Surfbrett oder dem **booggy board**, wie das kompaktere Brett zum Wellenreiten heißt, umgehen kann, sind die vielerorts hohen und heftigen Pazifik-Wogen, z. B. an der Gold Coast, ein relativ ungefährlicher Spaß. Achten Sie darauf, daß Ihre Kinder nicht zu lange der starken Sonneneinstrahlung ausgesetzt sind, und benutzen Sie wasserfeste Cremes mit hohem Lichtschutzfaktor (oder **Sun Blocker**). Einheimische Kinder sieht man oft nur im geschlossenen Badeanzug am Strand, auf dem Kopf eine Mütze mit Nackenschutz.

Übernachten mit Kindern

Australien ist ein kinderfreundliches Land. Überall in Queensland werden Sie mit Ihren Kleinen willkommen sein, ausgenommen ist das eine oder andere luxuriöse Insel-Resort, wo Kinder erst ab einem bestimmten Alter übernachten dürfen. Erkundigen Sie sich bei der Buchung, um

Lamington National Park: Spaß mit Königspapageien

unliebsame Überraschungen vor Ort zu vermeiden. Die meisten Motelzimmer sind mit einem zusätzlichen Einzelbett ausgestattet, manchmal wird auf Anfrage auch ein Kinderbett bereitgestellt. Günstiger sind Apartments mit mehreren Schlafräumen und Küche. Noch preiswerter sind einfache Cabins auf Campingplätzen, die oft über Etagenbetten verfügen. Falls Sie mit Mietwagen oder Wohnmobil reisen und einen Kindersitz benötigen, sollten Sie das gleich bei der Buchung anmelden. Und schärfen Sie Ihren Jüngsten ein, daß sie vor dem Überqueren der Straße erst nach rechts und dann nach links schauen, ob kein Auto kommt – und nicht umgekehrt wie beim Rechtsverkehr zu Hause.

Nirgendwo in Queensland gibt es so viele und attraktive Vergnügungs- und Freizeitparks wie an der **Gold Coast**. Hier können Sie mit Ihren Kindern ganze Tage auf Riesenrutschen, Achterbahnen und Karussells, zwischen Popcorn, Zuckerwatte und Eiscreme verbringen. **Dreamworld** und **Sea World** zeigen auch in Queensland heimische Tiere wie Koalas, die als Vorlage für den Teddybären gedient haben. Und überlegen Sie sich schon im voraus eine passende Antwort, wenn Ihr Kind unbedingt eines dieser possierlichen Beuteltiere als Haustier halten will. In Brisbane gibt es mit der **Lone Pine Koala Sanctuary** und dem **Southbank Parkland** herrliche Familien-Parks. Im **Queensland Museum Science Centre** (110 George Street, tgl. 10 bis 17 Uhr, Eintritt 7 A$) werden die kleinen Besucher aufgefordert, naturwissenschaftliche Experimente selbst durchzuführen.

DER BESONDERE TIP

Wet'n'Wild Eine echte Empfehlung für ganz heiße Sommertage, wenn Kinder nur noch im Wasser Abkühlung finden. Rekordverdächtige Wasserrutschen bringen hier nasses Vergnügen auf Touren. Und im großen Kinderbereich kann der Nachwuchs auch mal auf einem (Plastik-)Krokodil schwimmen. Das einzige Wellenbad Australiens simuliert Badefreuden im Meer – und das ganze nur wenige Kilometer vom Pazifik entfernt. Oxenford (direkt neben der **Movie World** am Pacific Highway), ganzjährig geöffnet, tgl. 10–16.30 Uhr (Nov.–Feb. 10–17 Uhr, Jan. 10–19 Uhr), Eintritt 19 A$. ■ F9

Mit Skilaufen sieht es schlecht aus. Aber bei 4000 Kilometer Küstenlinie herrscht an sportlichen Aktivitäten ansonsten kein Mangel.

Queensland ist ein Paradies für **Wassersportler**: Schnorchler und Taucher zieht es zum **Great Barrier Reef**, Segler zu den **Whitsundays**, Surfer an die **Gold Coast**. Rund um Cairns bieten Veranstalter vermehrt Abenteuertrips an – vom Fallschirmspringen über »Jet skiing« bis zum »Outback Ballooning« und »Kajaking«. Für **Wanderer** sind die gut beschilderten Nationalparks des Küsten-Hinterlands ideal (detaillierte Wanderführer erhalten Sie in Buchhandlungen). Queenslander beschäftigen sich gerne mit Cricket, Tennis, **soccer** (Fußball), Rugby und **Australian Rules Football**, eine ruppige Komibination aus Handball und Fußball. Netzball (**netball**) wird vor allem von Australierinnen gespielt, die in diesem Sport zur Welt-Elite gehören. In den beliebten **Ironmen**-Wettbewerben stellen Männlein und Weiblein stundenlange Ausdauer im Schwimmen, Laufen und Radfahren unter Beweis. Und je näher die Olympischen Sommerspiele im Jahr 2000 in Sydney rücken, desto sportbegeisterter werden die Aussies.

Bungy Jumping im Regenwald – möglich ist das in Cairns

Golf

Im Norden der **Gold Coast** (rund um **Sanctuary Cove**) haben Sie die Auswahl unter zehn erstklassigen Plätzen. Die Sunshine Coast sowie Cairns und Port Douglas bieten weitere Plätze. Die **Queensland Tourist and Travel Information** in München vermittelt Adressen von Golf-Reiseveranstaltern und verschickt einen »Guide to Golfing in Queensland« mit Adressen und Preisen (→ Queensland von A bis Z, Auskunft, S. 116).

Segeln/Motorboot-Charter

Das schönste Segelrevier der Küste sind die **Whitsunday-Islands**, wo sich in **Airlie Beach** bzw. **Shute Harbour** und auf **Hamilton Island** eine Reihe von Boots-Vermietern niedergelassen hat. Die Mindest-Mietdauer für eine Segelyacht (ohne Crew) beträgt meist fünf Tage (ab ca. 320 A$ pro Tag, bis zu vier Personen). Motoryachten kosten ca. 450 A$ pro Tag (bis zu sechs Personen). Das beste Revier für Hausboote befindet sich an der **Gold Coast** (Sanctuary Cove).

Surfen

Surfer kommen nur südlich von Gladstone auf ihre Kosten – wenn das Great Barrier Reef die Kraft der Wellen nicht mehr bremst. Mekka ist die **Gold Coast** (vor allem Burleigh Heads), aber auch die **Sunshine Coast** bei **Noosa Heads** hat attraktive Abschnitte für Wellenreiter.

Tauchen

Bei Sichtweiten zwischen 10 und 35 m sowie angenehmen Wassertemperaturen ist Tauchen rund um die Inseln des **Great Barrier Reef** das reinste Vergnügen. Am südlichsten der fast 3000 Riffs, in der Nähe von Bundaberg, liegt die Koralleninsel **Lady Elliot**. Ihr Vorzug: Die farbenprächtigen Korallengärten wurden noch niemals von den Dornenkronenseesternen befallen und zerstört. Das **Bait Reef** (Ausgangspunkt Airlie Beach bzw. Shute Harbour) nördlich der Whitsunday-Inseln bietet steile, bis zu 30 m tiefe **drop offs**, und die von Cairns eine halbe Tagesreise per Boot entfernten **Ribbon Reefs** begeistern Taucher durch die Artenvielfalt der Fische. August bis Januar sind die besten Tauchmonate. Tauchkurse in deutscher Sprache werden in Airlie Beach und in Cairns angeboten.

Strände

Wie kaum ein anderer Bundesstaat eignet sich Queensland mit seiner über 4000 km langen Küstenlinie für einen Badeurlaub – aber dennoch sind die Möglichkeiten, beispielsweise durch Mangrovensümpfe im Norden, eingeschränkt. Traumstrände und eine ausgezeichnete touristische Infrastruktur finden Sie an der **Gold Coast** (turbulent) und an der **Sunshine Coast** (ideal für Familien). Nördlich von **Townsville** (Mission Beach) und nördlich von **Cairns** (Marlin Coast) liegen weitere attraktive Strandabschnitte.

Vorsicht vor Quallen (**stinger** oder **box jelly fish**), die zwischen Oktober/November und April die Küstenlinie von Queensland im Norden (ab Mackay) unsicher machen und für Menschen bei Berührung tödlich sein können. Netze sollen die Tiere in diesem Zeitraum von Stränden in Port Douglas, Cairns, Townsville und Mackay abhalten. Achten Sie auf die rot-gelben Flaggen und Schilder am Strand, die signalisieren, ob Schwimmen sicher ist.

Von anspruchsvollen Kunstausstellungen bis zu rauhen Rodeos – die Festivals in Queensland sind so vielfältig wie Land und Leute.

Verrückten Rennen wie beispielsweise der Bierdosen-Regatta oder dem Wettsegeln mit bodenlosen Booten auf ausgetrockneten Flüssen (beide Veranstaltungen im Northern Territory) werden Sie im Osten des Kontinents nicht begegnen. Die Queenslander feiern bodenständiger. Ein ausführliches Verzeichnis (»Great Events«) erstellt jährlich die Queensland Event Corporation (erhältlich über die Queensland Tourist and Travel Corporation, → Auskunft, S. 116). In den Visitors Centres der Orte und Regionen sollten Sie stets nach Festivitäten fragen. Vor allem auf den kleinen Dorf-Rodeos oder Landwirtschafts-Shows lernen Sie die Aussies am besten kennen. Doch eine Enttäuschung wird Ihnen nicht erspart bleiben: »downunder« feiert man heftig – aber kurz. Auch das Ereignis des Jahres, zum Beispiel ein Rodeo, beliebt und monatelang angekündigt, hält vielerorts die Gemeinde nur einen Samstagnachmittag in Atem. Am Abend sind dann allenfalls noch die örtlichen Kneipen gefüllt.

Nicht ungefährlich: Wettschwimmen der Lebensretter an der Gold Coast

März

Apple and Grape Harvest Festival in Stanthorpe
Einwöchiges Erntedankfest mit reichlich Vitamin-C-Zufuhr.
Info: Tel. 076/81 2068

Wild Scotchman Festival in Gin Gin
Im Mittelpunkt steht die Aufführung einer Festnahme, Verurteilung und frühen Begnadigung eines **bushranger** (Bandit) namens McPherson, der in Gin Gin Mitte des vorigen Jahrhunderts auf den Pfad der Tugend zurückgeführt wurde.
Info: Tel. 071/57 2239

April

Gladstone Harbour Festival
Höhepunkt der einwöchigen Veranstaltung mit Straßenparaden und Märkten ist der Ziellauf des »Brisbane to Gladstone Yacht Race«.
Info: Tel. 07/3852 1472

Sunflower Festival in Emerald
Mit Baumwollballen die Straßen entlanghetzen und die schönste Sonnenblume auswählen, das sind nur zwei Highlights des Oster-Festivals in Central Queensland.
Info: Tel. 079/84 4024

World Barramundi Fishing Championships in Burketown
Ein Wochenend-Spaß für die ganze Familie und der Höhepunkt der Barramundi-Saison. Der Barramundi ist ein beliebter Speisefisch.
Info: Tel. 077/45 5202

Mai

National Outback Performing Arts Festival
Für drei Tage sind Staub und Entbehrungen vergessen, erzählen Outback-Poeten in Longreach aus ihrem kargen Leben.
Info: Tel. 076/57 1607

Country-Music Festival in Charters Towers
Größtes Country-Festival des Landes.
Info: Tel. 077/87 3705

Juni

Aqueous: The Noosa Art Festival in Noosa Heads
Cabaret, ein interessanter Kunstmarkt und ein Puppen-Festival bilden den Rahmen dieser zehntägigen Veranstaltung in dem attraktiven »Seebad«.
Info: Tel. 074/74 9377

Torres Strait Cultural Festival auf Thursday Island
Einmaliges, farbenfrohes Festival mit eindrucksvollen Einblicken in die Kultur der Torres Strait Aborigines.
Info: Tel. 070/6 1336

Stockman's Challenge in Cloncurry
Innerhalb von vier Tagen zeigen Dutzende von Teilnehmern, was von einem australischen Cowboy wirklich verlangt wird. Die beste Veranstaltung weit und breit.
Info: Tel. 077/42 1470

Juli

Rodeo Festival in Mareeba
Größtes und bestdotiertes Rodeo in Queensland.
Info: Tel. 070/92 1853

August

Hervey Bay Whale Festival
Zwei Wochen dauern die Festivitäten in der selbsternannten »Whalewatching Capital of the World«. Das Familienfest am Hafen mit Feuerwerk, Rummel und einem Wagenumzug leitet die Saison für Walbeobachtungen an der Fraser Coast ein.
Info: Tel. 071/25 0222

September
Birdsville Races
Die Bevölkerung des kleinen Örtchens im Outback verhundertfacht sich am ersten Wochenende des Monats, wenn das Pferderennen gestartet wird.
Info: Tel. 076/56 3244

Carnival of Flowers in Toowoomba
Die Garden City verwandelt sich zum Frühlingsanfang in ein Meer von Blumen, das Sie über eine Woche lang genießen können.
Info: Tel. 076/32 4877

Oktober
Warana Festival in Brisbane
Australiens größtes Freiluft-Festival mit Folklore, Straßentheater und Gourmet-Ständen wird rund um den alten Botanischen Garten in der Stadtmitte gefeiert.
Info: Tel. 07/3846 2333

Great Barrier Reef Dive Festival in Cairns
Die Stadt im Far North wird zum Mekka aller Taucher, die Erfahrungen austauschen und neue Reviere vorgestellt bekommen.
Info: Tel. 070/51 1510

November
Melbourne Cup
Das höchstdotierte Pferderennen findet am ersten Dienstag im November zwar in Melbourne (Victoria) statt, aber eine ganze Nation fiebert mit. Auch in Queensland wird gewettet, was die Geldbörse hergibt. Machen Sie sich den Spaß, und gehen Sie vormittags in ein Wettbüro.

International Rodeo and Country Music Festival
Zehntägiges Festival in Townsville, bei dem sich australische **stockmen** mit amerikanischen **cowboys** im Rodeo-Reiten und Gitarrespielen messen.
Info: Tel. 077/21 3555

Dezember
Woodford Folk Festival in Maleny
Das fünftägige Festival im Hinterland der Sunshine Coast präsentiert erlesenes Kunsthandwerk und Folklore.
Info: Tel. 074/76 0600

Sänger beim Coolangatta-Fest an der Gold Coast

Ob beim Lunch im Schatten der Skyline oder beim Dinner in einem exquisiten Fischrestaurant – die Brisbanites genießen feinste Lebensart.

Brisbane

■ F9

»Brissie« nennen sie liebevoll ihre Heimatstadt, die allenfalls wegen der Handvoll gen Himmel strebender Bürotürme in der City Anspruch auf die Bezeichnung Metropole erheben kann. Ansonsten hat der städtische Charakter des Verwaltungszentrums von Queensland verglichen mit Sydney und Melbourne eher provinzielle Ausmaße. Aber sagen Sie das bloß keinem Queenslander oder gar Brisbanite ins Gesicht. Schließlich ist Brisbane auf über 1,2 Millionen Einwohner angewachsen und hat sich damit zur drittgrößten Stadt Australiens gemausert. Und ein Sydney-ähnliches Wahrzeichen hat die Stadt ebenfalls: Die **Story Bridge** über den **Brisbane River** erinnert an die Harbour Bridge in der 1000 Kilometer entfernten Weltstadt.

Eine dunkle Vergangenheit

Man sieht den gutgekleideten Menschen, den sauberen Straßen und den modernen, gläsernen Bauten partout nicht an, daß im Jahre 1824 alles mit einem weithin berüchtigten Sträflingslager angefangen hat. Noch viele Jahrzehnte danach scheuten ehrbare Siedler den verrufenen Küstenstrich. Und weit bis in das 20. Jahrhundert hinein blieb Brisbane (sprich »Brisbn«) ein bescheidenes, farbloses Städtchen – bis in die sechziger Jahre war es abfällig als »Bush Capital« bekannt. Benannt wurde die Stadt nach dem damaligen Gouverneur des Landes, Thomas Brisbane.

Jung, ungestüm und respektlos

Der Bauboom begann in den achtziger Jahren, als in der Hauptstadt von Queensland die **Commonwealth Games** ausgetragen wurden und kurz darauf im Jahr 1988 die Weltausstellung **Expo** 14 Millionen Besucher aus aller Welt auf das Gelände am Südufer des Brisbane River lockte. Entsprechend modern und elegant wirkt das Stadtbild mit schicken Boutiquen, luftigen Straßencafés und geschmackvollen Einkaufszentren an der **Queen Street Mall**, der lebhaften Fußgängerzone. Leicht übersieht man die wenigen historischen Gebäude, die der Abrißwut und dem Baueifer getrotzt haben.

In Brisbane, der sonnenreichen Hauptstadt von Queensland, weiß man zu leben

Hotels und andere Unterkünfte

Albert Park
Geräumige Zimmer, zehn Gehminuten vom Stadtzentrum entfernt, sympathisches Restaurant.
551 Wickham Terrace, Spring Hill
Tel. 07/383 13111, Fax 3832 1290
95 Zimmer
Mittlere Preisklasse (AE, DC, EC, Visa)

The Astor Motel
Hotel mit persönlichem Stil und sauberen Zimmern, in Gehweite zum Stadtzentrum.
193 Wickham Terrace, Spring Hill
Tel. 07/3831 9522, Fax 3831 7360
78 Zimmer
Untere bis Mittlere Preisklasse (AE, EC, DC, Visa)

Newmarket Gardens Caravan Park
4 km von der Innenstadt entfernter Campingplatz. Gute Bus-Verbindungen.
199 Asgrove Ave.
Tel. 07/3356 1458
Untere Preisklasse

Novotel
Hotel im internationalen Novotel-Standard, ausgezeichnete Brasserie und ein modernes Café.
200 Creek St.
Tel. 07/3309 3309, Fax 3309 3308
296 Zimmer
Obere Preisklasse (AE, EC, DC, Visa)

Spaziergang

Rechnen Sie etwa zwei bis drei Stunden für den Weg zu den wichtigsten historischen Bauten in der City (Besichtigungen eingeschlossen). Start ist auf dem **King George Square**, wo der 92 m hohe Uhrenturm der prächtigen, in den 20er Jahren im neoklassizistischen Stil erbauten **City Hall** (Rathaus) einen schönen Rundumblick bietet (Mo bis Fr 9–15.30 Uhr, Touren Mo bis Fr 10, 12, 14 Uhr, Tel. 07/3403 6586). Im Parterre beherbergt die **Art Gallery** interessante Kunstwerke.

Folgen Sie der Albert Street bis zur **Queen Street Mall**, in die Sie nach links einbiegen. Nach etwa 300 m duckt sich rechter Hand zwischen modernen Hochhäusern der massive Steinbau des **Post Office**, errichtet in der zweiten Hälfte des 19. Jh.

Gehen Sie die Queen Street wieder zurück, bis Sie kurz vor der **Victoria Bridge** das palastartige **Treasury Building** erreicht haben. Hinter der um die Jahrhundertwende auf Renaissance getrimmten Fassade steckte einst das Finanzministerium, heute nimmt dort das **Casino** Geld ein.

Von der Rückseite des Gebäudes führt die **George Street** vorbei an **The Mansions**, einem viktorianischen Bau, in dem elegante Modegeschäfte und feine Restaurants das passende Ambiente gefunden haben.

Wenige Meter weiter überragt das Kupferdach des stolzen **Parliament House** (Führungen Mo bis Fr 11 und 14 Uhr, außer bei Parlamentssitzungen) aus dem Jahr 1868 den Botanischen Garten.

Dahinter ist es nicht mehr weit bis zum sechs Jahre älteren **Old Government House** (mitten im Universitätsgelände, ehemals Sitz des Gouverneurs von Queensland, jetzt Domizil des **National Trust**). Beenden Sie den Fußmarsch mit einem erholsamen Bummel unter den schattenspendenden Bäumen der angrenzenden alten **Botanic Gardens**.

Sehenswertes

The Australian Woolshed

Der im Grünen gelegene, große Farmpark zeigt, wie Schafe geschoren und von gelehrigen Hirtenhunden zusammengetrieben werden. Etwa 20 Minuten dauert die Fahrt von der City über den Highway 22 nach Nordwesten, etwa eine Stunde die Show.
148 Samford Rd., Ferny Hills
Shows um 10, 11 und 14 Uhr
Tel. 07/3351 5366
Eintritt frei (Show 11 A$)

Earlystreet Historical Village

In dem idyllischen Freilichtmuseum können Sie die angenehmste Seite früher Siedlertage nachempfinden. Samstags sind die historischen Häuser, teilweise zu Restaurants/Cafés umgestaltet, ein beliebter Treff für Hochzeitsgesellschaften. Eine Viertelstunde Fahrtzeit von der City entfernt.
75 McIlwraith Ave., Norman Park
Mo–Sa 10–16, So 11–17 Uhr
Eintritt 6 A$

Lone Pine Koala Sanctuary

Der angeblich größte Koala-Tierpark der Welt, 8 km westlich der City, ist sicherlich der populärste in ganz Australien. Natürlich bekommen Sie in dem weitläufigen Gelände nicht nur vor sich hindösende Koalas zu Gesicht, sondern auch Känguruhs, Wallabies, Platypus, Emus und heimische Vögel.
Jesmond Rd., Fig Tree Pocket (über Hwy. 32, dann ausgeschildert)
Tgl. 7.30–16.45 Uhr
Eintritt 11 A$
(90minütige Anfahrt mit dem Boot ab Victoria Bridge tgl. 10 Uhr, ab Lone Pine um 13.30 Uhr: Miramar Cruises, Tel. 07/3221 0300)

Denkmal vor dem Queensland Cultural Centre, dem kulturellen Herz Brisbanes

Mount Coot-tha Reserve

Über die Milton Rd. gelangen Sie zu dem 8 km von der City entfernten, 57 ha großen Park um den Mount Coo-tha, von dessen Spitze man bis zu den Inseln in der Moreton Bay und den Bergipfeln im Westen blickt. In Australien heimische Pflanzen, aber auch Anpflanzungen im Stil japanischer Gärten machen die herrlichen **Botanic Gardens** am Fuß des Hügels aus. Hier befindet sich mit dem **Sir Thomas Brisbane Planetarium** das größte Planetarium Australiens, das Einblicke in den Sternenhimmel über der Südhalbkugel gewährt (Mi–So verschiedene Führungen am Nachmittag und Abend, Reservierung unter Tel. 07/3377 8896).
Mt. Coot-tha Rd., Toowong
Tgl. 9–18 Uhr
Eintritt frei

Museum

Queensland Cultural Centre/Art Gallery of Queensland

TOPTEN 2

Das kolossale, kulturelle Herz der Stadt am Südufer des Brisbane River beherbergt neben Veranstaltungssälen für Konzert- und Theateraufführungen auch die Staatsbibliothek, eine umfangreiche naturwissenschaftliche und historische Sammlung, das **Queensland Museum** und die **Art Gallery** mit eindrucksvollen Werken australischer und europäischer Künstler sowie interessanten Aborigine-Exponaten.
South Bank (an der Victoria Bridge)
Tgl. 10–17, Mi 10–20 Uhr
Eintritt frei (außer zu speziellen Ausstellungen)

Essen und Trinken

Das **Eagle St. Pier** und das benachbarte **Riverside Centre**, das **Fortitude Valley** mit vielen China- und Szene-Restaurants, der Stadtteil **Paddington** (Given Terrace und Caxton St.) sowie die **Park Road** in Milton (zwischen Coronation Drive und Milton Rd.) sind die besten Adressen.

The Breakfast Creek Boardwalk
Ansammlung einiger Restaurants und Kneipen in einem auf alt getrimmten Gebäude-Komplex. Gegenüber, auf der anderen Seite des Wasserarms, liegt das historische Breakfast Creek Hotel (ein Pub), das für riesige Steaks vom Grill und seinen gemütlichen Biergarten bekannt ist.
192 Breakfast Creek Rd., Newstead
Tgl. Lunch und Dinner
Untere bis Mittlere Preisklasse

Emperor's Palace
Eines der zahlreichen, teilweise guten chinesischen Restaurants im Fortitude Valley mit guter Seafood-Auswahl.
31 b Duncan St., Chinatown Mall
Tel. 07/3252 3368
Tgl. Lunch und Dinner
Untere bis Mittlere Preisklasse (AE, DC, EC, Visa))

Morgans Seafood
Eines der besten Seafood-Restaurants im weiten Umkreis, eine halbe Stunde Fahrt von der City entfernt, nahe dem Fähranleger nach Moreton Island. Donnerstags großes Fischbuffet. Versuchen Sie einen Platz am **Teppanyaki-Tisch** zu bekommen, der geschickte Koch bereitet das Essen vor Ihren Augen kunstvoll zu.
Bird O'Passage Parade
Scarborough (Richtung Redcliffe)
Tel. 07/3203 5744
Tgl. Lunch und Dinner
Mittlere Preisklasse (AE, DC, EC, Visa)

Pier Nine Restaurant

TOPTEN 9

Mehrfach preisgekröntes Restaurant mit einer originellen australisch-europäischen Küche. Bekannt für seinen »Caesar's Salad« und frische Austern.
Eagle St. Pier
Tel. 07/3229 2194
Tgl. 11–24 Uhr
Mittlere bis Obere Preisklasse
(AE, DC, EC, Visa)

Einkaufen

Alle Einkaufszentren befinden sich rund um die **Queen Street Mall**. Das Kaufhaus **Myer** (mit einer hervorragenden Gastronomie im ersten Untergeschoß) und das angrenzende Shopping Centre beherrschen die Szene. Auffallend ist die kleine Achterbahn, die im Obergeschoß des Atriums ihre Bahnen zieht. Attraktive Ladenzeilen bieten zudem das **Queen Adelaide Building** (gegenüber dem Myer Centre) und die **Brisbane Arcade** (zwischen Queen und Adelaide St.).

Aboriginal Creations Gallery
Qualitativ gute und umfangreiche Auswahl an Schnitzereien und Gemälden der Aborigines.
135 George St.

Brisbane Map Centre
Spezialisiert auf australische Karten und Reiseliteratur.
187 George St.

Eagle St. Pier/Riverside Craft Market
Zweifellos der beste Markt in Queensland für originelle Souvenirs, sehr beliebt bei den Brisbanites.
Eagle St. Pier
So 8–16 Uhr

National Trust Gift Shop
Bücher und heimatkundliche Souvenirs.
Old Government House
(The Mansions)
40 George St.
Mo–Fr 10–16 Uhr

The Wilderness Society Shop
Die australischen »Grünen« kaufen hier ein – von Seife bis zu Postern und Postkarten.
97 Albert St.

DER BESONDERE TIP

Southbank Parklands Das ehemalige Ausstellungsgelände der Expo 88 am Südufer des Brisbane River wurde in einen city-nahen, spannenden und bunten Erlebnispark für jung und alt umgewandelt. Auf dem 16 Hektar großen Areal durchstreifen Sie den künstlich angelegten, aber täuschend echt wirkenden Regenwald des **Gondwana Rainforest Sanctuary** (tgl. 10–17.30 Uhr, Eintritt 10 A$) und das **Butterfly House** (tgl. 10–16 Uhr, 7 A$) mit Hunderten von farbenfrohen Schmetterlingen. Unter den originellen Restaurants ist **Ned Kelly's Bushtucker Restaurant** mit typischen Aussie-Gerichten besonders zu empfehlen (tgl. 7.30–23 Uhr).

Am Abend

Die Heimatstadt der landesweit bekannten Biermarke **XXXX** (sprich »fourex«) läßt sich abends nicht lumpen. Gute Kneipen (und Restaurants) finden Sie vor allem im Bereich von Given Terrace und Caxton St./ Petrie Terrace (z. B. **Underground**, Ecke Caxton/Hale St.) und im Viertel an der Brunswick St. (z. B. **Café Europe**, 360 Brunswick St.). Bierseelig ist die Stimmung im Biergarten **The Victory** (Ecke Charlotte/Edward St.).

Das wöchentlich erscheinende Info-Heft »**time off**« veröffentlicht Tips und Daten für Live-Konzerte und Theater-Veranstaltungen (erhältlich in Musikgeschäften und Cafés).

Conrad Treasury Casino
Spielen an 104 Roulette-Tischen im dreistöckigen, aufwendig restaurierten ehemaligen Finanzministerium des Bundesstaates.
Queen St. Mall (am Brisbane River)
Tgl. rund um die Uhr

Service

Auskunft

Brisbane Visitors and Conventions Bureau
City Hall/Ground Floor)
King George Square
Tel. 07/3221 8411, Fax 3229 5126
Mo–Fr 8.30–16.30, Sa 10–13 Uhr

Information Booth
Queen St. Mall
Mo–Do 10–17, Fr 10–18.30,
Sa und So 9–16 Uhr

Naturally Queensland
Broschüren, Informationen und Karten über die Natur in Queensland.
Queensland Department of Environment and Heritage
160 Ann St.
Tel. 07/3227 8187, Fax 3227 8749
Mo–Fr 8.30–17 Uhr

Queensland Government Travel Centre
196 Adelaide St.

Konzert in der Brisbane City Hall

Tel. 07/3221 6111, Fax 3221 5320
Mo–Fr 8.30–17.30,
Sa 9.30–12.30 Uhr
Gute Infos und interessante Sonderangebote.

Auto

Royal Automobile Club of Queensland (RACQ)
Beim Automobilclub erhalten Sie Straßenkarten und »Holiday Guides«.
GPO Building
261 Queen St.
Tel. 07/3361 2444, Fax 3849 0610
Mo–Fr 8.30–17.30 Uhr

Fähren

Brisbane Ferry Service
Die kleinen Boote verbinden die wichtigsten Punkte entlang des windungsreichen Brisbane River. Ab Eagle St. Pier erreichen Sie z. B. schnell **Southbank** (→ Der Besondere Tip, S. 35). Die am häufigsten frequentierten Strecken werden zwischen 5.30 Uhr und Mitternacht befahren.

Filmentwicklung

Portraits and Prints
Entwicklung von Filmen am selben Tag.
Metro Arts Building (Lower Ground Floor)
109 Edward St.
Mo–Do 8–17.30, Fr bis 19,
Sa 8–12 Uhr

Öffentliche Verkehrsmittel
Das Taxi vom Flughafen in die Innenstadt kostet 18 A$, der Bahnhof liegt zentral an der Roma Street. Mit dem **Day Rover Ticket** können Sie alle Busse und Fähren in Brisbane benutzen. Es kostet 6 A$ pro Tag und ist in Zeitungsgeschäften erhältlich.

Sightseeing

City Sights
50minütige Stadtrundfahrt, die man nach Belieben an den 20 wichtigsten Sehenswürdigkeiten unterbrechen und anschließend fortführen kann.
Tgl. 9–16 Uhr, z. B. ab Post Office Square
12 A$ (Tickets beim Fahrer)

»Kookaburra Queen«
Gemütliche, 90minütige Fahrt mit dem alten Schaufelraddampfer über den Brisbane River, die sich angenehm mit einer Mittagspause (gute Küche) verbinden läßt. Auf den Fähren ist das Sightseeing-Erlebnis ähnlich und preiswerter.
Eagle Street Pier (Waterfront Place)
Tel. 07/3221 1300
Mo–Sa 10, 12.45 und 19.30,
So 10, 12.45, 15 und 18.30 Uhr

Ausflugsziele

Moreton Island ■ F9

Die zweitgrößte Sandinsel der Welt nach Fraser Island ist zugleich die aufregendste und schönste in der breiten **Moreton Bay** vor Brisbane. Nur zu Fuß oder mit vierradangetriebenen Fahrzeugen kommt man in der weichen Dünenlandschaft ohne befestigte Straßen weiter – ein Riesenspaß für motorisierte Gelände-Enthusiasten, sofern sie auf der Fähre reichlich Luft aus den Reifen gelassen haben.

Der 284 m hohe **Mount Tempest** gilt als die höchste Düne der Welt. Aber viel imposanter ist der Ausblick am 1857 erbauten **Leuchtturm**, der immer noch warnende Lichtsignale über den Ozean sendet. Rund um die Insel dient fester Sandstrand den Geländewagen als Rennstrecke und dem einen oder anderen rostigen

Schiffswrack als letzter Liegeplatz. Auf dem 35 km langen Strand an der Ostseite passiert man grasbewachsene Dünenketten, hinter denen sich kleine Naturschönheiten wie die Sumpflandschaft der **Eager's Swamps**, die verschwiegene **Blue Lagoon** und die weit verzweigten Süßwasser von **Lake Jabiru** verbergen. Es gibt sehr einfache, aber schön gelegene Campingplätze auf der Insel, auch direkt am Strand. An der Ostseite, wo noch bis 1962 Wale an Land gezogen und zerteilt wurden, kommen heute wilde Delphine freiwillig ganz nah und lassen sich abends bei Flut in der Nähe des Resorts am **Dolphin Education Centre** von Menschenhand füttern.

Hotel

Tangalooma Resort
Das einzige Hotel der Insel, direkt am Strand gelegen. Empfehlenswert sind die allerdings keineswegs luxuriösen Suiten mit Seeblick. Was mittendrin wie ein unvollendeter Gebäudekomplex anmutet, sind die Beton-Überreste der einstigen Walfangstation – kein schöner Anblick, aber ein interessantes Baudenkmal. Täglich außer montags startet um 9.30 Uhr der Katamaran des Resorts im 40 km entfernten **Brisbane** (Holt St. Wharf, Pinkenba) und bringt vor allem Tagesausflügler auf die Insel (ca. 20 A$, Infos über das Hotel).

Eine Autofähre fährt ab **Scarborough** täglich mehrmals nach Moreton (Combie Trader, Bird of Passage Parade, Tel. 07/203 6399, ca. 90 A$ inklusive vier Passagiere und 15 A$ **permit**).
Tel. 07/3268 6333, Fax 3268 6106
135 Zimmer
Mittlere bis Obere Preisklasse (AE, EC, DC, Visa)

Auf Moreton Island gibt es die höchsten Dünen der Welt

North Stradbroke Island ■ F 9

Die größte Insel in der **Moreton Bay**, auch »Straddie« genannt, ist ein beliebtes Naherholungsziel der Städter auf dem Festland. Nur wenige geteerte Straßen führen über die Insel. Deshalb ist ein geländegängiges Fahrzeug nicht zwingend, macht aber die schönsten Plätze abseits der Straßen zugänglich: die erfrischenden Süßwasser von **Blue Lake**, **Brown Lake** und den **Keyhole Lakes** sowie einsame Stellen und die besten Surf-Wellen auf dem endlos scheinenden **Main Beach** an der 37 km langen Ostseite. Eine schmale, unebene Piste führt durch menschenleeren Wald und Busch des hügeligen Inselinneren. Der südliche Teil, wo Sand abgebaut und per Lastwagen zum Festland transportiert wird, ist nicht zugänglich.

Point Lookout heißt das kleine touristische Zentrum mit Unterkünften, einigen Restaurants und Geschäften. Tip: In der Abenddämmerung sollten Sie einen Drink auf der Terrasse des **Stradbroke Hotel** nehmen, mit Blick auf Strand und Ozean.

Personen- und Autofähre (60-Minuten-Überfahrt) zur Insel starten bis zu zwölfmal täglich am **Cleveland Point** südöstlich von Brisbane (Stradbroke Ferries, Tel. 07/3286 2666).

Hotel

Anchorage Village Beach Resort
Anlage am Strand, die oberen Zimmer (alle mit Küche) haben Blick aufs Meer. Zentrale Lage nicht weit vom Stradbroke Hotel entfernt.
East Coast Rd., Point Lookout
Tel. 07/3409 8266, Fax 3409 8304
90 Zimmer
Mittlere Preisklasse

Toowoomba ■ F 9

Nur zwei Stunden Autofahrt sind es von Brisbane bis zur zentralen Stadt der **Darling Downs**, wie der fruchtbare Landstrich im Westen heißt. Mit 90 000 Einwohnern gehört Toowoomba zu den größten Städten in Queensland. Siedler haben das ehemalige Sumpfgebiet in eine hübsche Siedlung verwandelt, die breiten Alleen und ausgedehnten Parkanlagen trugen Toowoomba den Beinamen »Garden City« ein.

Der Aussichtspunkt am **Picnic Point** gewährt einen weiten Blick über die umliegenden Felder und Wiesen. Viele der alten Häuser Toowoombas sind noch erhalten, zum Beispiel auf der **Russell Street**, und behergen heute stilvolle Restaurants und gut bestückte Antiquitätengeschäfte. In die Vergangenheit führt auch das **Cobb & Co Museum** (27 Lindsay St., Mo–Fr 9–16, Sa und So 13–16 Uhr, Eintritt 3 A$) mit über 40 Postkutschen und anderen historischen Zugwagen aus der Produktion des traditionsreichen Betriebes.

Das **Tourist Information Centre** befindet sich gegenüber der stattlichen **Old Town Hall**, mitten in der City (578 Ruthven St., Tel. 076/39 3797, Fax 39 3942, Mo–Fr 8.30–17, Sa und So 9.30–14.30 Uhr).

Den Küstenabschnitt beherrscht Fraser Island, die größte Sandinsel der Welt, auf der nur Geländewagen die Ruhe der Natur stören dürfen.

Bundaberg/ Fraser Coast

■ F8

Trotz Sandkasten-Atmosphäre – auf Fraser Island gelten ebenso strenge Verkehrsregeln wie auf dem Festland: höchstens 80 km/h auf den Strandabschnitten und 35 km/h auf den Pisten im Inland. Schneller kommt ohnehin kein **four-wheel drive** durch den alles bedeckenden, weichen Sand. Bei soviel Landmasse vor der Küste läuft man Gefahr, die anderen Inseln weiter nördlich und weiter draußen zu vergessen: **Lady Elliott Island** und **Lady Musgrave Island**. Auch sonst hat der subtropische Festlandabschnitt an der Küste allerhand zu bieten, zum Beispiel Hochprozentiges in Bundaberg.

Nicht nur die Nähe zu Fraser Island hat **Hervey Bay** (das eigentliche Sprungbrett zur Sandinsel) aus dem Dornröschenschlaf gerissen. Die aus vier Orten zusammengewachsene Küsten-Siedlungsstadt wartet mit einer einzigartigen Attraktion auf: Wal-Beobachtung.

Mystery Craters: Die geheimnisvollen Krater sind über 25 Millionen Jahre alt

Bundaberg ■ F8

Umgeben von Zuckerrohrplantagen, ca. 50 km vom **Bruce Highway** entfernt, lebt die Küstenstadt von dem süßen Saft, der in unterirdischen Pipelines von den Mühlen zu den Raffinerien fließt. Der Rohzucker wird 16 km nordöstlich, im eindrucksvollen **Port Bundaberg** an der Mündung des **Burnett River**, für den Export verschifft. Hier starten auch die Boote zur Lady Musgrave Island und Lady Elliott Island.

Sehenswertes

Mystery Craters
Zahllose Wissenschaftler haben sich schon mit den 35 geheimnisvollen Sandstein-Kratern – nur 27 wurde offengelegt – an der Straße nach **Gin Gin** beschäftigt. Einige halten sie für Teile eines riesigen Meteoriten, andere glauben, daß Meereserosion die Hohlräume geschaffen hat. Einig sind sich alle darin, daß die Krater über 25 Mio. Jahre alt sind.
Lines Rd. (South Kolan)
Tgl. 8–17 Uhr
Eintritt 3 A$

Rum Distillery
Seit 1888 wird am Ufer des Burnett River Bundaberg Rum gebrannt – auch **Bundy Rum** oder **The famous Aussi Spirit** genannt. Im Rahmen einer geführten Tour können Sie die bekannteste Destille Australiens besichtigen und sich die Produktion bis hin zu der Abfüllung des gereiften Zuckerrohrschnapses aus Eichenfässern vorführen lassen.
Avenue St.
Touren Mo–Fr 10, 11, 12, 13, 14 und 15, Sa und So 10, 11, 12, 13 und 14 Uhr
Führung 4 A$

Museum

Hinkler House Memorial Museum
1983 wurde das ehemalige Zuhause des Flugpioniers Bert Hinkler im englischen Southampton Stein für Stein zerlegt, nach Australien verschifft und am Botanischen Garten in Bundaberg wieder aufgebaut.

Mit Blick auf die Schule, die der junge Hinkler besuchte, und den Park, in dem er nach seinem Triumphflug landete, erfahren Besucher im Innern des zweistöckigen Wohnhauses alles über das kurze und abenteuerliche Leben des Rekordfliegers. Er schaffte 1928 den ersten Alleinflug von England nach Australien in »nur« 15 Tagen. Bei einem zweiten Versuch kam er ums Leben.
Gin Gin Rd.
Tgl. 10–16 Uhr
Eintritt 2 A$

Service

Auskunft

Tourist Information
Ecke Bourbong St./Mulgrave St.
Tel. 071/52 2333, Fax 53 1444
Tgl. 9–17 Uhr

Childers ■ F8

Trotz eines Großbrands im Jahr 1902 haben sich in der Kleinstadt am Bruce Highway, 53 km von Bundaberg entfernt, ein paar ansehnliche historische Gebäude erhalten: Das **Royal Hotel** und der **Old Butcher Shop** (beide North St.), wo es selbst im Inneren beinahe noch so aussieht wie Ende des 19. Jh. Im ebenso alten **Gaydon's Building** sind heute das Pharmazie-Museum (Churchill St., Mo–Fr 8.30–17, Sa 8.30–12 Uhr), angeblich das einzige Australiens, und das **Tourist Information Centre** untergebracht.

Fraser Island ■ F 8

TOPTEN 5

Ca. 100 km langer Strand im Osten, Sandpisten im bewaldeten Inneren und atemberaubende Dünenlandschaften reizen jeden engagierten Geländewagenfahrer oder Tagesausflügler (Fraser Day Adventure Tours, Tel. 071/ 25 4444). Entweder erkundet man im **Great Sandy National Park** seltene Naturphänomene wie die farbigen Sandsteinformationen in der **Rainbow Gorge**, übernachtet im Zelt an den klaren Wassern der Süßwasserseen im Inselinneren oder läuft auf einer langgezogenen Sanddüne in den grünlich schimmernden **Lake Wabby** hinein. Wildpferde (Brumbies) und Wildhunde (reinrassige Dingos) werden Ihnen begegnen, ebenso interessante Fotomotive wie die rostigen Schiffswracks entlang der Küste (z. B. das einstmals luxuriöse Kreuzfahrtschiff »**Maheno**« auf dem **Seventy Five Mile Beach**).

Hotels und andere Unterkünfte

Es gibt acht Campingplätze in teilweise idyllischer Lage (z. B. am **Blue Lake**), die für zwei Personen 8 A$ pro Nacht kosten. Gute Unterkünfte bieten auch:

Fraser Island Retreat
Gepflegtes Resort südlich von Eli Creek an der Ostküste (Happy Valley) mit Kneipe und Tankstelle, zentral für Ausflüge.
Tel. 071/27 9144, Fax 27 9131
9 Zimmer
Mittlere Preisklasse (AE, DC, EC, Visa)

Kingfisher Lodge
Sehr geschmackvoll gestaltete Ferienanlage mit guten Restaurants an der Westküste, die auch naturkundliche Touren auf der Insel anbietet.
North White Cliffs
Tel. 071/20 3333, Fax 20 4444
152 Zimmer
Obere Preisklasse (AE, DC, EC, Visa)

Fraser Island: der rostige Rest des Luxusdampfers »Maheno«

Service

Auskunft

Department of Environment and Heritage
Am Hafen von Hervey Bay erhalten Sie das zum Zelten und für das Befahren der Insel nötige **permit**.
Buccaneer Ave.
Tgl. 6–18 Uhr

Fähren

Rainbow Venture
Autofähre ab Inskip Point.
Tel. 074/86 3154
Urangan Boat Harbour
Autofähre »Major Dundee« bis Kingfisher Bay Resort.
Tel. 071/25 3325

Mietwagen

Fraser Island Adventure Holiday
Geländewagen und Zeltausrüstung.
54 Boat Harbour Dr., Hervey Bay
Tel. 071/28 2981

Hervey Bay ■ F8

Die geschützen Strände, besonders **Shelly Beach**, sind ideal für Familien mit Kindern, die ihren Badeurlaub bevorzugt auf den Campingplätzen um Hervey Bay (sprich »Harwe«) verbringen. Geschäftiges Treiben herrscht tagsüber im **Urangan Harbour** im Osten, wo an der schicken **Great Sandy Straits Marina** sowohl Boote zu den Walen hinausfahren (→ Der Besondere Tip, s. u.), als auch die Fähren nach Fraser ab- und anlegen.

Hotel

Great Sandy Straits Marina Resort
Mitten in der Marina gelegen mit Blick auf Fraser Island. Die meisten Zimmer haben zwei Schlafzimmer.
Buccaneer Drive
Tel. 071/28 9999, Fax 25 1688
54 Zimmer
Mittlere Preisklasse (AE, DC, EC, Visa)

DER BESONDERE TIP

Whale Watching Seit Menschengedenken ziehen majestätische Buckelwale (**humpback whales**) jedes Jahr von der Antarktis in die wärmeren Gewässer bei Fraser Island, wo sie sich zwischen Ende Juli und Mitte Oktober paaren und ihre Jungen zur Welt bringen. Es ist ein Erlebnis, die bis zu 16 Meter langen und 45 Tonnen schweren Meeressäugetiere, die sich von Plankton und Kleinlebewesen ernähren, aus den Fluten auftauchen zu sehen. Ca. sechs (stellenweise bewegte) Stunden dauert der Trip, bis auf 100 Meter nähern sich die Boote den Walen (Urangan Harbour in Hervey Bay, »Mimi MacPherson's Matilda II«, ca. 65 A$, Tel. 071/25 3240). ■ F8

Service

Auskunft

Tourist Information
Torquay
Hervey Bay
Tel. 071/25 0222 und 1800/81 1728 (gebührenfrei), Fax 071/25 0293
Mo–Fr 8.15 – 16.45 Uhr

Lady Elliott Island ■ F 8

80 km nordöstlich von Bundaberg liegt die nur 420 qm kleine Koralleninsel mit dem markanten Leuchtturm am Südzipfel des Great Barrier Riff – ein Eldorado zum Tauchen und Schnorcheln. Am Westufer kann man gleich vom Strand abtauchen, z. B. zu einem der vielen Schiffswracks auf dem Riff. Auf die Insel gelangt man nur mit dem Flugzeug: täglich von Bundaberg und Hervey Bay, die Flugzeit beträgt 25 Minuten, der Preis liegt bei 135 A$, Reservierung Tel. 071/51 6077

Unterkunft

Lady Elliott Island Resort
Maximal 80 Übernachtungsgäste können in dem einzigen Resort untergebracht werden. Zur Auswahl stehen einfach möblierte Hütten oder stabile Haus-Zelte, alle ohne Telefon und TV. Es gibt häufig Sonderangebote, z. B. für 80 A$ pro Nacht/Person inklusive Mahlzeiten.
Tel. 071/56 4444
Mittlere Preisklasse (AE, DC, EC, Visa)

Lady Musgrave Island ■ F 8

Auf der unbewohnten Koralleninsel, rund 100 km von Bundaberg entfernt, dürfen gleichzeitig nur 50 Besucher campen (nur mit **permit**). Denn das 150 qm kleine Eiland ist ein Nationalpark, bekannt für zahlreiche hier nistende Vogelarten und Schildkröten, die zwischen November und Februar ihre Eier am Strand ablegen. In dieser Zeit darf niemand auf der Insel übernachten. Tagesausflüge beginnen um 8.30 Uhr am **Burnett Heads Boat Harbour**, 17 km nordöstlich von Bundaberg (Fahrtzeit zur Insel ca. 2 1/4 Stunden, ca. 98 A$, Tel. 071/52 9011), ein Wasserflugzeug startet nach Bedarf (ca. 160 A$, Seaplane Tours, Tel. 071/55 2068).

Maryborough ■ F 8

1842 gegründet, gehört die unweit des Bruce Highway gelegene und 34 km von Hervey Bay entfernte Stadt zu den ältesten Queenslands. Von den Anfängen zeugen mehrere historische Bauten, die Sie sich bei einem kleinen Spaziergang durch die Kent Street, Wharf Street und Alice Street anschauen sollten.

Einkaufen

Heritage Markets
Großer Markt mit Kunsthandwerk aus der Region.
Kent St./Adelaide St.
Do 8.30–17 Uhr

Service

Auskunft

Promotions Bureau
Hier bekommt man die Broschüre »Heritage Trail«, die über knapp 30 historische Gebäude der Stadt informiert.
30 Ferry St.
Tel. 071/21 4111, Fax 22 1740
Mo–Fr 8.30–17, Sa und So 10–16 Uhr

Zwischen der Unterwasserwelt des Great Barrier Reef und der abwechslungsreichen Berglandschaft im Hinterland boomt die Touristenmetropole Cairns.

Cairns

■ D4

Obwohl die Stadt über keinen eigenen Strand verfügt, steht Cairns für Wassersport und Badefreuden. Doch die ermöglichen erst die schönen Sandstrände im Norden, wie **Kewarra Beach** und **Palm Cove**, die vorgelagerten Inseln und die Ausflüge zum Reef. Ein Spaziergang über die von Backpacker-Unterkünften, Restaurants und Cafés gesäumte **Esplanade** führt mitten hinein in das lebhafte Einkaufszentrum rund um den **City Place**: Es wundert bei den tropischen Temperaturen kaum, daß die Auswahl an Badekleidung enorm ist. Braungebrannte junge Leute aus aller Welt, mit Einkaufstüten behangene japanische Touristen und elegant gekleidete Senioren-Paare passen in das auf Hochglanz polierte Stadtbild – im Gegensatz zu den vom Alkohol gezeichneten Aborigines, die ihren Rausch vor den Türen der Kneipen ausschlafen.

Ein Ausflug in das Bergdorf **Kuranda** entführt Touristen in die Welt der Ureinwohner, die in den einst ganz von Regenwald bewachsenen, fruchtbaren Tafelländern lebten.

Kuranda Commentary Train: »Bitte einsteigen«

Hotels und andere Unterkünfte

Bay Village Tropical Retreat
Gemütliches Resort, dessen Mittelpunkt ein kleiner tropischer Garten mit Swimmingpool ist.
227 Lake St.
Tel. 070/51 4622, Fax 51 4057
63 Zimmer
Mittlere Preisklasse (AE, DC, EC, Visa)

Floriana
Ein altes Pianola erinnert an die musikbegeisterte Familie Zammit, die 1938 das Haus mit den schönen Holzböden bauen ließ. Zentrale Lage.
189 Esplanade
Tel. 070/51 7886, Fax 51 3056
24 Zimmer
Untere Preisklasse (AE, EC, Visa)

Kewarra Beach Resort
Der traditionelle Baustil der Torres Strait Islander (→ Torres Strait, S. 57) hat die Architekten der Anlage inspi-

riert. Die Gäste sind untergebracht in »Bures«. Bures ist melanesisch für »Hütte« (aber die »Hütten« sind schon sehr fein…). Ein palmenbewachsener Park trennt das Resort vom feinen Sandstrand (15 Fahrminuten bis Cairns).
Kewarra Beach/Smithfield
Tel. 070/57 6666, Fax 57 7525
65 Bures
Obere Preisklasse bis Luxusklasse (AE, DC, EC, Visa)

The Reef Retreat
Sympathisch-preiswertes Haus in der Nähe des feinen Strandes und des Paradise Village.
10–14 Harpa St.
Tel. 070/59 1744, Fax 59 1745
24 Zimmer
Untere bis Mittlere Preisklasse (EC, Visa)

Sehenswertes

School of Distance Education
Von hier aus werden rund 400 Kinder, die in einem Umkreis von 700 km auf einsamen Farmen leben, unterrichtet – meist zwischen 10 und 12 Uhr. Besucher können dem Unterricht beiwohnen und einen Film anschauen.
Hoare St. (Manunda)
Tel. 070/51 0155

Skyrail
Eine Fahrt mit der 8 km langen Seilbahn von den **Caravonica Lakes** zum Bahnhof Kuranda bietet herrliche Ausblicke über den Regenwald auf die **Marlin Coast**. Unterwegs wird zweimal gehalten: An der **Red Peak Station** bietet sich eine Gelegenheit, in den Regenwald hineinzuschnuppern, und an der **Barron Falls Station** haben Sie einen 264 m hohen Wasserfall vor Augen und können sich im Info-Zentrum anhand von Computer-Multimedia über die Entwicklung des Regenwaldes informieren. Tip: Die Hin- oder Rückfahrt sollten Sie mit dem **Kuranda Commentary Train** (→ Kuranda, S. 53) antreten.
Ecke Kamerunga Rd./Cook Highway (am Smithfield Shopping Centre)
Einfache Fahrt 25 A$

Tjapukai Cultural Theme Park
TOPTEN 3
Übungen mit Bumerang, Tips zum Feuermachen und Tricks, wie man im Busch überlebt – das sind nur einige Programmpunkte des Erlebnis-Parks, der in die Kultur der Aborigines einführen will. Das renommierte Tjapukai Dance Theatre tritt hier auf.
Kumeranga Rd. (neben der Skyrail Station in Smithfield am Captain Cook Highway)
Tgl. 9–17 Uhr
Eintritt 21 A$ (tgl. sechs verschiedene Shows)

Essen und Trinken

Cherry Blossom
Gutes japanisches Restaurant mit Teppanyaki-Bar, an der Köche zur Gaudi der Gäste kunstfertig mit Zutaten jonglieren.
Ecke Spence St./Lakes St.
Tel. 070/52 1050
Tgl. Lunch und Dinner
Mittlere Preisklasse (AE, DC, EC, Visa)

Hannah's Restaurant
Gemütliches Restaurant mit australisch-europäischer Küche im Paradise Village mitten in **Palm Cove**.
117 Williams Esplanade
Tel. 070/55 3533
Tgl. Lunch und Dinner
Mittlere Preisklasse (AE, DC, EC, Visa)

Red Ochre Grill
(→ Der Besondere Tip, S. 19)

Einkaufen

Diverse Souvenirgeschäfte finden Sie **Pier Market Place** (Marlin Marina). **Outback Images** verkauft eine gut zusammengestellte Auswahl von Aborigine-Kunst (Central Court Hotel, Shop 13, Ecke Lake St./Spence St.). Ein gutes Sortiment an Landkarten führt **Absells Newsagency** (55 Lake St.), eine interessante Opal-Ausstellung präsentiert **Outback Opal Mine** (am Captain Cook Highway neben »Wild World«), und die eßbaren Souvenirs bekommen Sie im Flughafen bei **Australia Presents** in der Abflughalle.

Am Abend

The Reef Hotel Casino
Auf 7000 qm Spielfläche rollen die Kugeln. Angeschlossen ist Cairns feinstes Hotel mit 128 Suiten sowie Restaurants und einem Nachtklub.
Wharf St.
Tel. 070/30 8888
Tgl. rund um die Uhr geöffnet

Service

Auskunft

Far North Promotion Bureau
The Esplanade (gegenüber Pier Market Place)
Tel. 070/51 3588, Fax 51 0127
Tgl. Mo–Fr 9.30 – 17.30, Sa und So 9.30–13.30

Bungy Jumping
AJ Hacketts Erfolgsgeheimnis: Ein 44m-Sprung von einer Plattform im Regenwald. Ca. 90 A$.
McGregor Rd., Smithfield (nördlich des Shopping Centre)
Tel. 070/31 1119
Tgl. 8–17 Uhr

Mietwagen

Brits: Australia
Hier kann man vierradangetriebene Fahrzeuge leihen. Infos auch in deutscher Sprache. Ein Wohnmobil (»Bushcamper«) für zwei Personen kostet pro Tag zwischen 135 und

The Reef Hotel Casino: Zeitvertreib rund um die Uhr

170 A$ plus ca. 35 A$ Versicherung.
411 Sheridan St.
Tel. 070/32 2611, Fax 32 2633

Rafting

R&R White Water Rafting
Ein Tagesausflug führt zum Tully River, ca. 140 km südlich von Cairns.
74 Abbott St.
Tel. 070/51 7777
Ca. 115 A$

Rundflüge

Cape York Air Services
»Play Postie for a day«: Tagestour mit dem Postboten und seinem kleinen Flugzeug.
Tel. 070/35 9399
Zwischen 160 und 350 A$

Tiger Moth Scenic Flights
Aufregender Flug (auf Wunsch mit Looping) im offenen Doppeldecker.
Hangar 8 (Cairns Airport)
Tel. 070/35 9400
Zwischen 90 und 380 A$

Schiffstouren

Mehrtägige Kreuzfahrten Richtung Lizard Island unternehmen **Captain Cook Cruises** mit der luxuriösen, 73 m langen »Reef Endeavour« (drei Tage zwischen 1000 und 1300 A$, Tel. 070/31 4433).

Die Tagesfahrt von **Sunlover Cruises** legt an einer Plattform am Arlington Reef an, wo Sie eine Perlenzucht besuchen können (ca. 120 A$, Tel. 070/31 1055).

Einen Besuch von Green oder Fitzroy Island können Sie mit Schnorcheln im »Outer Reef« verbinden (**Great Adventures**, zwischen 100 und 130 A$, Tel. 070/51 0455).

Tauchen

Adventure Connection Australia
Tauchlehrgänge in deutscher Sprache (ca. 700 A$).
Palm Cove
117 Williams Esplanade (Paradise Village)
Tel. 070/59 1599, Fax 59 1614

Der Besondere Tip

Royal Flying Doctor Service (RFDS) Die Station der »Fliegenden Ärzte« kümmert sich um die medizinische Versorgung der Menschen im Outback. Dazu gehören die Aborigines in den Reservaten ebenso wie die Bewohner abgelegener Viehzucht-Betriebe. Im Informationszentrum erfahren Sie die spannende Geschichte des RFDS, können abenteuerliche Noteinsätze nachvollziehen und gewinnen einen Einblick in die lebensrettende Medizin-Kiste, die bei Ferndiagnosen über Funk und Telefon hilft. Die Station ist eine von 13 in Australien und betreut ein Gebiet, das so groß ist wie Japan. 1 Junction St., Cairns, Tel. 070/53 5687 tgl. 8.30–16.30 Uhr, Führungen alle halbe Stunde, Eintritt 5 A$

Ausflugsziele

Atherton Tableland

■ D 4

Saftige Wiesen und fruchtbare Felder machen das ehemals von dichtem Regenwald bedeckte, hügelige Hochland südwestlich von Cairns aus. Unverkennbar, daß die Region von der Landwirtschaft lebt. Reichlich Niederschlag sorgt für rauschende Flüsse und zahlreiche Wasserfälle. Verträumt liegen viele Dörfer und Kleinstädte in den Tälern, verbunden durch ein gutes Straßennetz.

Unterkunft

Lake Eacham Caravan Park
Einige Kilometer vom See entfernt mit kleinem Wildlife Park und Museum. Man wohnt in schönen, preiswerten Cabins.
Lakes Dr., Yungaburra
Tel. 070/95 3730
Untere Preisklasse

Rundfahrt

Von Cairns/Kuranda führt der Kennedy Highway über **Mareeba** – der mit 7000 Einwohnern größten Stadt des Tableland und Zentrum des Tabakanbaus – nach **Atherton**, wo vor allem Erdnüsse angepflanzt werden. Hier zweigt die Straße nach **Yungaburra** ab (Aborigine-Bezeichnung für Feigenbaum), mit einem gewaltigen Feigenbaum (**curtain fig tree**), dessen Luftwurzeln gleich einem Vorhang 15 m herabfallen, 2,5 km südlich des Dorfs. Östlich liegen zwei idyllische Kraterseen: **Lake Barrine** und **Lake Eacham** mit hübschen Wanderwegen. Vorbei an den **Malanda Falls** führt der Highway 25 nach **Malanda**, Zentrum der Milchwirtschaft. 25 km weiter südlich, bei **Millaa Millaa**, zweigt der **Waterfall Circuit** zu mehreren ansehnlichen Wasserfällen ab. Die bekannte **Nerada Tea Plantation** (tgl. 10 bis 15.30 Uhr) finden Sie 14 km bevor der **Palmerston Highway** in den Bruce Highway mündet.

Der Waterfall Circuit führt zu mehreren Wasserfällen – hier bei Millaa Millaa

Sehenswertes

Chillagoe Limestone Caves ■ C 4
Mächtige Termitenhügel begleiten die Fahrt auf der **Burke Developmental Road** tiefer ins Landesinnere zu dem 200-Seelen-Ort Chillagoe, 150 km westlich von Mareeba. Den Tagesausflug lohnen die bizzaren Kalksteinhöhlen. Am interessantesten ist die dreistündige Führung durch die **Royal Arch Cave** (Tel. 070/94 7163).

Herberton ■ D 4
Zinnvorkommen haben das Städtchen, 19 km südwestlich von Atherton, wohlhabend gemacht. Den Glanz von einst vermitteln einige noch erhaltene historische Gebäude. Wenige Kilometer entfernt liegt der von steil aufragenden, nackten Felswänden eingefaßte Kratersee (**The Crater**) im **Mt. Hypipamee National Park**. Ein 400 m langer Fußweg führt vom Parkplatz zu der Aussichtsplattform.

Service

Auskunft

Atherton Promotion Bureau
Ecke Vernon/Mabel St. (Atherton)
Tel. 070/91 3608, Fax 91 2391
Tgl. Mo–Fr 9–17 Uhr

Dunk Island ■ D 5

Nur 5 km trennen die Insel von der Küste, aber immerhin 140 km von Cairns im Norden. Der größte Teil ist dicht bewaldeter Nationalpark, durch den insgesamt 13 km Wanderwege führen. Über 90 verschiedene Vogelarten und unzählige bunte Schmetterlinge beleben die tropische Vegetation. Die schönsten Strände liegen an der Westseite, wo sich auch das einzige Resort befindet.

Unterkunft

Dunk Island Resort
Hier werden auch **permits** für Camping auf der Insel ausgestellt. Tagesausflügler sind an einem separaten Swimmingpool in Strandnähe willkommen.
Tel. 070/68 8199, Fax 68 8528
148 Zimmer
Mittlere bis Obere Preisklasse
(AE, DC, EC, Visa)

Service

Ein Katamaran legt täglich um 9 Uhr am **Clump Point/Mission Beach** ab (Rückfahrt 15 Uhr ab Dunk Island, Tel. 0 70/68 72 89). **Water taxis** verkehren mehrmals tgl. ab **Wongaling Beach** und **South Mission Beach** (Fahrtzeit 10 Minuten, ca. 18 A$ hin und zurück).

Fitzroy Island ■ D 4

Taucher und Schnorchler schwärmen von den üppigen Korallenriffen, die nur etwa 50 m von den Sandständen entfernt sind. An Land hat man vom Leuchtturm aus den schönsten Ausblick.

Unterkunft

Fitzroy Island Resort
Das einzige Resort bietet Bungalows und Mehrbettzimmer (**bunkhouses**).
Tel. 070/51 9588, Fax 52 1335
Untere bis Mittlere Preisklasse
(EC, Visa)

Service

Zweimal täglich verkehren Boote auf der 26 km langen Strecke ab **Cairns** (Marlin Marina und Trinity Wharf), Fahrtzeit 45 Minuten, Rückkehr: 14.30 und 16.30 ab Fitzroy.

Green Island ■ D4

Die Insel, 27 km von Cairns entfernt und mitten im **Great Barrier Reef** gelegen, zählt zu den wenigen zugänglichen Koralleninseln. Phantastische Tauch- und Schnorchelreviere liegen gleich vor den weißen Stränden. Am Ende des Piers kann man die farbenfrohe und fischreiche Korallenwelt aus einem **Underwater Observatory** betrachten – und im Inselinnern in den Aquarien und Wasserbecken des **Marineland Melanesia** (tgl. 9.30 – 16.30 Uhr, Eintritt 8 A$).

Unterkunft

Green Island Resort
Das einzige Resort der Insel wurde 1994 zu einer luxuriösen Anlage umgestaltet. Für Tagesausflügler sind separate Service-Einrichtungen vorgesehen.
Tel. 070/31 3300, Fax 52 1511
46 Zimmer
Obere Preisklasse bis Luxusklasse
(AE, DC, EC, Visa)

Service

Ein Katamaran verkehrt zweimal täglich ab **Marlin Marina** und **Trinity Wharf/Cairns** um 8.30 und 10.30 Uhr (Fahrtzeit 40 Minuten, Rückkehr: 14.30 und 16.30 Uhr ab Green Island).

Kuranda ■ D4

Wenn Sie dem Highway 1 (ab hier **Kennedy Highway** genannt) nördlich von Cairns ins Landesinnere folgen, erreichen Sie nach ca. 30 km das mit dem Tourismus gewachsene Bergdorf mitten im hoch über der Küste gelegenen Regenwald am Rand des **Atherton Tableland** (→ S. 50). Daß es hier oft und kräftig regnet, beweisen nicht nur der saftig grüne Urwald und die üppig blühenden tropischen Pflanzen, sondern auch ergiebige Wasserfälle, wie die 264 m hohen **Barron Falls**. Die eindrucksvollste Szenerie bietet sich vom **Barron Falls Lookout** (zu erreichen über die Barron Falls Road). Die zahlreichen Geschäfte im Ortszentrum (z.B. an der **Coondoo Street**) sind angefüllt mit Souvenirs, aber auch gelungenem Kunsthandwerk der Aborigines. An den immer sehr gut besuchten Markttagen (Mi, Do, Fr und So 8–15 Uhr) herrscht Gedränge auf den Straßen, Parkplätze sind dann rar.

Sehenswertes

Birdworld
Freiflug-Gehege für 40 Vogelarten, die im Regenwald des Far North beheimatet sind.
Thirwine St.
Tel. 070/93 9188
Tgl. 9–15.30 Uhr
Eintritt 7 A$

Butterfly Sanctuary
Besucher werden durch einen tropischen Park geführt. Im überdachten Gehege flattern über 2000 Schmetterlinge.
8 Rob Veivers Drive
Tgl. 9–16 Uhr
Eintritt 7 A$

Einkaufen

Rainforest Market
Umgeben von dichtem Regenwald bietet der weitläufige, bunte Kuranda Market ein einzigartiges Einkaufserlebnis. Auf einfachen Holztischen unter Zeltplanen wird mit allem möglichen gehandelt – von getrocknetem Gemüse über bunte Lederwesten und ausgefallene Strohhüte bis hin zu originellem

TOPTEN 10

Kunsthandwerk der Aborigines. Und mittendrin steht der 40 m hohe Kran für einen wagemutigen Bungy Jump.
Markttage Mi, Do, Fr und So von frühmorgens bis ca. 15 Uhr

Service

Anreise
Die interessanteste Möglichkeit, nach Kuranda zu fahren, ist die Kombination aus Zug und Skyrail: Der **Kuranda Commentary Train** windet sich ab Cairns auf einer abenteuerlichen Strecke durch den Regenwald und über zahllose Brücken, um nach 90 Minuten Fahrtzeit den beinahe gänzlich mit Grün überwucherten Bahnhof von Kuranda zu erreichen. An Markttagen bis zu dreimal täglich, sonst ein- bis zweimal pro Tag. Information:
Queensland Rail Travel
Railway Station
Tel. 070/52 6267
Einfache Fahrt ca. 25 A$

Lizard Island ■ D3

Die nördlichste Insel des Great Barrier Reef umgeben herrliche Strände und gewaltige Korallengärten, voll von Fischen und Riesenmuscheln (**giant clams**). Ruinen eines Wohnhauses erinnern an die Tragödie der **Mary Watson**, die hier 1881 mit ihrem kleinen Sohn und einem Dienstboten vor mordenden Aborigines aufs Meer hinaus floh, wo alle drei nach tagelanger Odyssee verdursteten.

Einer der Wanderwege führt auf den 360 m hohen **Cook's Lookout**, wo der Seefahrer 1770 nach einer Fahrrinne durchs Riff Ausschau hielt. Zwischen September und November dient die Insel als Ausgangspunkt zahlreicher Sportfischer, die hinter den riesigen schwarzen **marlins** (Schwertfische) her sind. Die Insel wird täglich von Cairns aus angeflogen, die Flugzeit beträgt eine Stunde.

Der Rainforest Market in Kuranda hat nicht nur schöne Bumerangs zu bieten

Unterkunft

Lizard Island Resort
Im einzigen und exklusiven Resort können Sie Insel-Ferien vom Feinsten machen. Die schönsten Schnorchel-Reviere liegen vor der Haustür.
Tel. 070/60 3999, Fax 60 3991
40 Zimmer
Obere Preisklasse bis Luxusklasse
(AE, DC, EC, Visa)

Mission Beach ■ D 5

140 km liegen zwischen Cairns und der attraktiven Ferienregion im Süden. Gleich mehrere schöne Badestrände wie **South Mission Beach** und **Wongaling Beach** (→ Dunk Island, S. 51) säumen die Küste. Das touristische Zentrum heißt **Mission Beach** und umfaßt ein weitgefächertes Angebot an Unterkünften sowie einige Restaurants und Geschäfte. Schilder warnen Autofahrer vor **Cassowaries**, die die Straße überqueren. Die hier beheimateten, straußen-großen Laufvögel mit dem grell gefärbten Hals gehören zu den bedrohten Tierarten. Für die reizvolle Fahrt auf dem **Scenic Loop** entlang der Küste müssen Sie nördlich von **Tully** (der niederschlagreichsten Stadt Australiens) bzw. bei **El Arish** den Bruce Highway verlassen.

Hotel

Clump Point Ecovillage
Freundliches Resort mit sachlich ausgestatteten Bungalows, 20 m vom Strand und 100 m von der Fähre nach Dunk Island entfernt.
Clump Point Rd.
Tel. 070/68 75 34, Fax 68 7538
Untere bis Mittlere Preisklasse
(AE, DC, EC, Visa)

Längst kein Geheimtip mehr: der 14 km lange Mission Beach

Der äußerste, dünnbesiedelte Norden von Queensland gibt einen Vorgeschmack auf die menschenleere Weite im Innern des australischen Kontinents.

Far North

Zwischen **Port Douglas** und der historischen Stadt **Cooktown** hat der Tourismus die tropische Küste fest in der Hand, selbst große Teile des **Cape Tribulation National Park**, dessen artenreicher Regenwald auf der Liste des Weltkulturerbes steht und der dennoch Stück um Stück von einer Teerstraße erobert wird. Hier können Sie mitten im Dschungel, umgeben von exotischen Tieren und Pflanzen, aufregende Tage und Nächte verbringen. »Wo der Regenwald und die Küste sich treffen«, wird der faszinierende Küstenabschnitt zwischen Port Douglas und Cooktown umschrieben, wo lediglich weiße Strände und schroffe Klippen den tropischen Regenwald vom Pazifik und dem nahen Great Barrier Reef trennen.

Nur in der trockenen Jahreszeit, zwischen April und Oktober, sind die ungeteerten Pisten nördlich von Cooktown passierbar – und auch dann nur mit Geländefahrzeugen. In der Regenzeit gelangt man kaum noch durch die dann Hochwasser führenden Flüsse im spärlichen Busch des **Lakefield National Park**, und nichts geht mehr Richtung **Cape York**, der Nordspitze von Queensland und Australien.

Cooktown: Denkmal des Stadtgründers

Cape Tribulation ■ D4

Der tropische Regenwald nördlich des **Daintree River** ist die feuchteste Region und das größte zusammenhängende Regenwaldgebiet in ganz Australien. 4,5 m Niederschlag fallen jährlich, das meiste davon in der Regenzeit zwischen Ende November und März. In dem feuchten Klima wuchert eine eigenwillige Vegetation: Schlingpflanzen streben unter dem dichten Blätterdach zielsicher der Sonne entgegen, Luftwurzeln suchen zusätzlichen Halt bei Nachbarpflanzen, und im schummerig-moderigen Unterholz entfalten niedrige Gewächse großflächige Blätter, die auch noch den schmalsten Sonnenstrahl einfangen. Ebenso aufregend ist die Tierwelt mit Baumschlangen, laut zwitschernden Vögeln, flinken Nagetieren und riesigen Fledermäusen.

Hotels und andere Unterkünfte

Ferntree
Gemütliches Resort mit komfortablen Villen, umgeben von Farnen und Rasenflächen, wenige hundert Meter vom Cape Tribulation entfernt. Das Restaurant ist bekannt für seine frischen Salate und Fruchtplatten.
Cape Tribulation
Tel. 070/98 0000, Fax 98 0011
35 Villen und Bungalows
Mittlere (Bungalows) bis Obere Preisklasse (AE, DC, EC, Visa)

Heritage Lodge
Ein Regenwalderlebnis zu einem erschwinglichen Preis. Die Lodge, 18 km von der Daintree-Fähre entfernt, verfügt über ein Restaurant und einen Swimmingpool..
Turpentine Rd., am Thornton Beach
Tel. 070/98 9138, Fax 98 9004
12 Zimmer
Mittlere Preisklasse (EC, Visa)

Pilgrim Sands Holiday Park
Einfacher, aber urwüchsiger Campingplatz mitten im dichten Regenwald und unmittelbar am breiten Sandstrand. Einfache Hütten.
1,5 km nördlich von Cape Tribulation
Tel. 070/98 0030
Untere Preisklasse

Sehenswertes

Bat House
Ausgerechnet die größte Fledermaus (**bat**) ist Vegetarier: Die **fruit bat** (auch **flying fox** genannt) saugt kein Blut, sondern begnügt sich mit Früchten. Das und vieles andere über die fliegenden Säugetiere lernt man in dem kleinen Informationszentrum, wo Brigitte auch Erläuterungen auf Deutsch liefert. Eine handzahme **fruit bat** steht Modell.
Am Cape Tribulation Jungle Village
Tel. 070/98 0063
Tgl. 11–16 Uhr

Fruit Tasting
Zehn Fruchtsorten, z. B. Brotfrucht (**breadfruit**), die südostasiatische Sapote-Frucht (schmeckt wie Schokoladen-Mousse), Kochbananen sowie sehr süße Ananas und Mangos werden auf dem Farmgelände von Tracey Bradey angebaut. Das Angebot ist je nach Jahreszeit sehr unterschiedlich.
The Daintree Ice Cream Company, gegenüber der Daintree Wilderness Lodge
Tel. 070/98 9114
Tgl. 12–17 Uhr (außer So)

Maardja Boardwalk
Der Regenwald-Lehrpfad führt im hinteren Teil auf Holzstegen über dichten Mangroven-Sumpf, in dem sich das eine oder andere Krokodil versteckt haben kann…
Eingang gleich neben der Straße am Nordufer von Noahs Creek

Cape York

■ C 1

Nach Norden, hoch zum Äquator, erstreckt sich die Cape York Peninsula – wie ein warnend erhobener Zeigefinger. Man sollte sich tatsächlich hüten, ohne geländegängiges Fahrzeug in die Wildnis vorzudringen. Während der Regenzeit zwischen Ende November und März sind die wenigen Pisten so gut wie unpassierbar. Nur etwa 10 000 Menschen verteilen sich auf der über 200 000 qkm großen Halbinsel, einer Fläche, die nur geringfügig kleiner ist als die der Britischen Inseln. Weite Teile sind Nationalpark oder Aborigine-Reservate, die Sie nur mit einer Erlaubnis durchfahren dürfen.

Die Hauptroute, genannt **Peninsula Developmental Road**, führt von Cairns aus rund 1000 km entlang der alten Telegrafenlinie zur äußersten Nordspitze Australiens, wo Boote nach **Thursday Island** in der **Torres Strait** übersetzen (Tagesausflug ab Seisia, Peddell's Ferry Service, Tel. 070/69 3243, inklusive Busrundfahrt auf der Insel).

Jenseits der kaum besiedelten Landmasse ist die Insel ein Eckpfeiler der Zivilisation mit interessanten historischen Gebäuden, die beweisen, daß sich hier, nur 150 km südlich von Papua Neuguinea, schon früh europäische Siedler niedergelassen haben. Veranschlagen Sie nicht weniger als zehn Tage für die Reise zur Nordspitze auf dem Landweg (hin und zurück mit Aufenthalten).

Unterkunft

Punsand Bay Safari and Fishing Lodge
7 km südwestlich von Cape York liegt die Unterkunft am Strand, die aus großen Zelten (**tents**) mit Beton-Fußboden und einfachen Hütten (**cabins**) mit WC besteht und deren Gäste ganz bewußt die unberührte Natur (allerdings mit Restaurant und heißen Duschen) suchen.
Punsand Bay
Tel. 070/69 1722, Fax 69 1403
8 Cabins, 5 Fixed Tents
Untere bis Mittlere Preisklasse
(EC, Visa)

DER BESONDERE TIP

Rainforest Information Centre Unterhaltsam, spannend und lehrreich bringt das Informationszentrum Besuchern das Ökosystem des tropischen Regenwaldes näher. Widmen Sie sich zuerst der Ausstellung und der Audio-Visionsshow im Innern. Dann sind Ihnen anschließend, beim Rundgang auf dem Lehrpfad draußen, die meisten Pflanzen schon beinahe vertraut (Beschreibungen auch in deutscher Sprache). 9 km nördlich des Daintree River, tgl. 9–17 Uhr, Eintrittspreis 8 A$ ■ D 4

Service

Gruppenreisen
Cape York kann man als Gruppenreise buchen (das vielfältigste Angebot mit vier- bis 14tägiger Dauer hat **OZTours**, zwischen 1000 A$ und 3000 A$ pro Person, Tel. 070/55 9535, Fax 55 9918) oder als Teilnehmer einer geführten Motorrad-Tour (acht Tage, Hin- oder Rückflug ca. 2500 A$, alles inklusive außer Benzin (**Cape York Motorcycle Adventures**, Cairns, Tel. 070/59 0220). In einer Gruppe mit anderen Geländewagen (Vermieter Brits: Australia → Queensland von A bis Z, Auskunft, S. 116) reist es sich individuell am sichersten. **Guides to Adventure** stellen die Touren zusammen (12 Tage,900 A$ pro Person inklusive aller Mahlzeiten, ohne Auto-Miete, Tel. 070/91 1978, Fax 91 2545, Info: Ted und Thora Mew).

Cooktown ■ D3

Wo James Cook das Leck seiner »Endeavour« flickte, gingen 100 Jahre später Tausende von Goldsuchern an Land, nachdem weiter südwestlich am **Palmer River** reiche Funde gemacht worden waren. Die Siedlung an der Mündung des **Endeavour River** wuchs schnell zur großen und wohlhabenden Stadt heran – doch ebenso rasch ging es bergab, als die Goldfelder ausgebeutet waren und in der ersten Hälfte des 20. Jh. zwei Wirbelstürme weite Teile Cooktowns zerstörten. Noch immer ist die Stadt der nördlichste Vorposten der Zivilisation, und noch immer trennt der Regenwald die Stadt von der dicht besiedelten Region im Süden. Wer mit dem Auto nach Cooktown will, hat die Wahl zwischen der Küstenstraße (→ Routen und Touren, S. 109) und der besser ausgebauten, aber längeren **Peninsula Developmental Road** weiter im Landesinnern. Heute zeugen noch einige stolze Stein-

In Cooktown wird die Landung des Namenspatrons nachgestellt

bauten wie die Westpac Bank auf der überbreiten Charlotte Street von einstigem Reichtum. Vom windgepeitschten **Grassy Hill** oberhalb des Hafens hat sich schon James Cook einen Überblick verschafft. Und wenn Ihnen in dem dahindösenden Städtchen nach noch mehr Ruhe ist, sind Sie in den **Botanic Gardens** an der sandigen **Finch Bay** (Achtung: Krokodile!) richtig.

Hotels und andere Unterkünfte

The Souvereign
Bestes Hotel der Stadt (im »Zentrum«) mit Restaurant, schönem Pool und gepflegten Zimmern.
Charlotte St.
Tel. 070/69 5400, Fax 69 5582
31 Zimmer
Untere bis Mittlere Preisklasse (AE, DC, EC, Visa)

Tropical Breeze Caravan Park
Campingplatz mit großzügigen, preiswerten Cabins (inklusive Küche).
Ecke Charlotte St./McIvor Rd.
Tel. 070/69 5417, Fax 69 5740

Sehenswertes

Cemetery
Die Inschriften der alten Grabsteine geben die Historie Cooktowns auf ihre Art wieder. Im hinteren Teil erinnert der chinesische Schrein an die zahlreichen Goldsucher aus China.
McIvor River Rd.

Museum

James Cook Historical Museum
Das Heimatmuseum in der ehemaligen Klosterschule beweist Liebe zum Detail: eine Kanone von Cooks Schiff, 1969 auf dem Meeresboden entdeckt, einer der Anker und der Baumstumpf, an der die »Endeavour« während der Reparaturarbeiten festgezurrt war.
Helen St.
Tgl. 9.30–16 Uhr
Eintritt 5 A$

Service

Auskunft

Tourist Information
O'Connor's Arcade, Charlotte St.
Tel./Fax 070/69 6100
Mo–Fr 9–16.30, Sa 9–12 Uhr

Lakefield National Park ■ C3

Den zweitgrößten Nationalpark von Queensland, nordwestlich von Cooktown gelegen, durchqueren zahlreiche Wasserläufe. Naturfreunde finden an den stillen Seen, Sümpfen, Flußufern und in den lichten Wäldern eine artenreiche Tierwelt mit zahlreichen Vögeln vor. Anlaufstellen für Infos, Campingerlaubnis (es gibt nur Campingplätze im Park) und Kartenmaterial sind die Ranger Stations in **New Laura**, **Lakefield** und **Bizant**.

Die Hauptzufahrt in den Park (möglich für konventionelle Fahrzeuge) erfolgt von Süden über die **Peninsula Developmental Road** und die Abzweigung hinter **Laura**. Allradantrieb ist spätestens ab Lakefield gefordert. Von **Cooktown** aus führt die nur für Geländewagen geeignete Piste über **Battlecamp** in den Park (bis zur **New Laura Ranger Station** ca. drei Stunden), vorbei an der unbewohnten, aber restaurierten **Old Laura Homestead**, wo Sie sich anschauen können, wie erste Siedler im entlegenen Norden gelebt haben.

Felsmalereien der Ureinwohner bekommt man in der Split Rock Gallery und in Jowalbinna zu sehen

Laura ■ C 3

Mitten im **Quinkan Country** (benannt nach den Quinkan Aborigines) liegt der 100-Seelen-Ort, der am Rand der Peninsula Developmental Road eine Tankstelle, einen Kramladen und eine urige Kneipe mit Campingplatz bietet. 12 km südlich können Sie, gegen eine Spendengebühr, hinaufklettern zur **Split Rock Art Gallery** mit eindrucksvollen Felsmalereien der Ureinwohner. Noch faszinierender sind die Darstellungen unter den Felsüberhängen in **Jowalbinna**, wo die Familie **Trezise** einen einfachen Campingplatz unterhält und durch das Gelände führt (Tel. 070/60 3236). Von Cairns aus bietet sie auch mehrtägige Touren an (Tresize Bush Guide Service, Tel. 070/55 1865, Fax 58 1560).

Mossman ■ D 4

Zuckerrohrfelder umgeben die Kleinstadt, 20 Minuten Fahrtzeit von Port Douglas entfernt. Wer weiter nach Norden, z. B. in den Cape Tribulation Nationalpark, will, muß hier durch. Am Weg liegt die wilde **Mossman Gorge** (ausgeschildert, fünf Minuten von der Ortsmitte entfernt), wo man im klaren, kühlen Wasser des Mossman River ein erfrischendes Bad nehmen kann – ohne Krokodile fürchten zu müssen.

Hotel

Silky Oaks Lodge TOPTEN 8

Sehr geräumige Villen an der Mossman Gorge (herrlich zum Schwimmen) mit stimmungsvollem Terassen-Restaurant. Neben dem von tropischen Pflanzen umgebenen Swimmingpool leben zahme Känguruhs.
Mossman Gorge, Richtung Port Douglas
Tel. 070/98 1666, Fax 98 1983
60 Villen
Obere bis Luxusklasse (AE, DC, EC, Visa)

Port Douglas ■ D 4

Klein, aber fein! Luxushotels mit Golfplatz und kunstvollen Swimmingpool-Landschaften sowie gepflegte Apartmentanlagen finden sich in und um den hübschen Küstenort am Ende des **Captain Cook Highway**. Schicke Boutiquen, Cafés und Restaurants rechts und links der **Macrossan Street** sorgen für Leben im Zentrum. Und am Yachthafen, wo auch die Ausflüge zum Great Barrier Reef starten, befinden sich die weitläufigen Shopping-Arkaden der Marina Mirage. Ganz bestimmt hat »Port« mehr Stil als Cairns.

Hotels und andere Unterkünfte

The Beach Terraces
Gepflegte Apartments mit Küche, es sind 500 m bis zur Stadtmitte, 100 m bis zum Strand. Alternative gleich nebenan: Garrick House (Tel. 0 70/99 5322).
15–17 Garrick St.
Tel. 070/99 5998, Fax 99 4113
20 Zimmer
Mittlere Preisklasse (AE, DC, EC, Visa)

Kulau Caravan Park
Stadtnah gelegener, relativ schattiger Campingplatz mit **cabins**, nicht weit vom Strand.
28 Davidson St.
Tel./Fax 070/99 5449
Untere Preisklasse

Treetops Resort
Sehr geschmackvoll eingerichtete Ferienanlage mit Regenwald-Atmosphäre nahe am feinen Four Mile Beach. Eigener Beach Club, ideal für Wassersportler. Originelle Restaurants (»Australian Outback Bar« und »The Wharf«).
316 Port Douglas Rd.
Tel. 070/99 3333, Fax 99 3385
300 Zimmer, 120 Villen
Obere Preisklasse bis Luxusklasse (AE, DC, EC, Visa)

Sehenswertes

Rainforest Habitat
Über 65 Vogelarten, Koalas, Emus und Krokodile leben inmitten der tropischen Vegetation des phantasievoll angelegten Tierparks.
Am Captain Cook Highway, an der Abzweigung nach Port Douglas
Tgl. 8–17 Uhr (8–11 Uhr »Breakfast with the birds«)
Eintritt 17 A$

Service

Auskunft

Tourist Information Centre
23 Macrossan St.
Tel. 070/99 5599, Fax 99 5070

Das Sheraton ist nur eine der stilvollen Luxusunterkünfte in Port Douglas

An dem 42 Kilometer langen, breiten und feinen Sandstrand können sich die Pazifikwellen so richtig austoben – ein Paradies für Surfer.

Gold Coast

Ein Hauch von Florida umweht den ferien- und freizeitbetonten Küstenstrich, wo Surfen mehr Lebens- als Sportart ist und man viel Geld in Vergnügungsparks (**theme parks**) loswerden kann.

Surfers Paradise heißt folgerichtig das Zentrum der dichten Wolkenkratzer-Landschaft aus Hotel- und Apartment-Türmen. Nach Brisbane im Norden sind es nur 85 Kilometer über den größtenteils vierspurigen Highway 1. Viele australische Touristen landen auf dem Flughafen in **Coolangatta** im Süden der Gold Coast.

Eine Durchschnittstemperatur von 25 °C und 300 Sonnentage pro Jahr haben die Gold Coast zu einem beliebten Urlaubsziel für Senioren gemacht. Viele verbringen in dem warmen Klima ihren Lebensabend und haben sich in einem der Apartmenthäuser oder in speziellen Siedlungen, den **Retirement Villages**, eingekauft. Beliebt ist die Goldküste auch bei unzähligen japanischen Touristen, die nirgendwo sonst in Australien so viele Souvenir-Shops vorfinden und an den Sushi Bars delikatere rohe Fischhappen serviert bekommen als zu Hause. Tip: Meiden Sie den Besucherandrang an Wochenenden und während der Schulferien.

Willkommen im Dreamland, dem Disneyland der Gold Coast

Hotels und andere Unterkünfte

Die Gold Coast besteht überwiegend aus Ferienwohnungen und Motels. Abgesehen von wenigen Ferienzeiten und Wochenenden bekommen Sie vor Ort immer sehr preisgünstige »stand by«-Tarife in erstklassigen Hotels, die bis zu 40 Prozent unter den üblichen Preisen liegen können.

Gold Coast Caravan Parks
Ein halbes Dutzend großer städtischer Campingplätze mit wenig Schatten steht entlang der Küste zur Verfügung. Der am besten ausgestattete Platz befindet sich in Broadwater (Southport) am Strand.
Loders Creek, am Gold Coast Highway
Tel. 07/5581 7733, Fax 5591 4059

Golden Rainbow Motel
Einfaches Motel mit kleinen Zimmern, aber idealer Lage zwischen Casino und Strand nahe der Fußgängerzone im Schatten des Pan Pacific.
2689 Gold Coast Highway, Broadbeach
Tel. 07/5570 3400, Fax 5538 5603
21 Zimmer
Untere Preisklasse (AE, DC, EC, Visa)

Pan Pacific
Sehr zentral im etwas anspruchsvolleren Broadbeach gelegenes, luxuriöses Hotel mit wunderbarem Blick auf die Skyline der Gold Coast und den Strand. Häufig Sonderangebote (»Getaway Package«). Eine Monorail (tgl. bis 24 Uhr) verbindet das Hotel mit Jupiter's Casino.
81 Surf Parade, Broadbeach
Tel. 07/5592 2250, Fax 5592 3747
298 Zimmer
Obere Preisklasse (AE, DC, EC, Visa)

Tropic Sands
Kleines Motel, 14 km von Surfers Paradise und Coolangatta entfernt. Es liegt direkt am feinsandigen Strand, an dem allerdings eine belebte Straße entlangführt. Nur vier Apartments liegen unmittelbar am Wasser.
1295 Gold Coast Highway, Palm Beach
Tel. 07/5535 1044, Fax 5535 8313
23 Zimmer
Mittlere Preisklasse (AE, DC, EC, Visa)

Sehenswertes

Cable Sports World
Bis spät in die Nacht, unter Flutlicht, können Sie hier wasserskilaufen. Da man von einem umlaufenden Seil gezogen wird, ist die Anlage ideal für Anfänger. Wer davon genug hat, kann sich im Windsurfen üben oder mit bungy jumping Eindruck schinden.
340 Pine Ridge Rd., Runaway Bay
Nov.–April tgl. 10–22, sonst 11–17 Uhr

Currumbin Sanctuary
Auf den 25 ha können Sie gefahrlos in die wilde Tierwelt von Queensland eintauchen – zu Fuß oder mit dem kleinen Zug. Ein besonderes Erlebnis ist die Fütterung der Känguruhs, Koalas, Pelikane und anderer Tiere.
Gold Coast Highway, Currumbin
Tgl. 8–17 Uhr
Eintritt 15 A$

Dreamworld
Australiens Antwort auf Disneyland ist nicht ganz so überzeugend ausgefallen wie das Original, garantiert aber auch Nervenkitzel bei wilden Achterbahn- und Karussell-Fahrten (The Wipeout), bringt die heimische Tierwelt ganz nah und sorgt mit reich

ausgestatteten Shows für laute Lacher.
Dreamworld Parkway, Coomera (am Pacific Highway)
Tgl. 10–17 Uhr
Eintritt 35 A$

Fleas Fauna Centre
Hier erleben Sie die heimische Tier- und Pflanzenwelt haut- und naturnah. Umgeben von Regenwald und Mangroven beherbergen die Gehege Krokodile, Känguruhs, Dingos, Emus, Koalas und die fast nie in Freiheit zu sehenden Wombats.
West Burleigh Rd., Burleigh Heads
Tgl. 9–17 Uhr
Eintritt 9 A$

Sea World
Der Wasser-Erlebnispark ist eine Institution an der Gold Coast. Einen ganzen (heißen) Tag können Familien hier verbringen. Ein nasses Vergnügen sind die Wasserrutschen und die rasanten Boots- und Achterbahnfahrten (**Bermuda Triangle**). Außerdem gibt es vergnügliche Shows, dargeboten von Delphinen, Seelöwen, Pinguinen und Wasserski-Läufern.
The Spit, Main Beach
Tgl. 10–17 Uhr
Eintritt 37 A$

Warner Brothers Movie World
Fern von Hollywood erleben Sie mit Hilfe von **Bugs Bunny, Batman** und anderen Publikumserfolgen die faszinierende Scheinwelt der Filmindustrie und kommen auf einer Studio-Tour so manchem Filmtrick auf die Schliche. Die **Police Academy Stunt Show**, die turbulente **Lethal-Weapon-Achterbahn** und das schräge Zuhause von **Young Einstein** werden Ihnen in Erinnerung bleiben. Einen vergnüglichen Tag sollten Sie für den Park übrig haben.
Oxenford, am Pacific Highway
Tgl. 10–17 Uhr
Eintritt 37 A$

Wet 'n' Wild
→ Der Besondere Tip, S. 24

Museum

Ripley's Believe It or Not
Ob Sie's glauben oder nicht – in der skurrilen Ausstellung mit Show-Effekten werden Sie hin und her gerissen zwischen Illusion und Wirklichkeit. Staunen Sie über den größten Menschen, das Kalb mit zwei Köpfen und lassen Sie sich von Geistern und visuellen Tricks foppen.
Cavill Mall, Raptis Plaza
Surfers Paradise
Tgl. 9–23 Uhr
Eintritt 9, 95 A$

Essen und Trinken

Die meisten Restaurants bieten gute Qualität zu günstigen Preisen. Beliebt sind die zahllosen Schnell-Küchen in den Shopping-Zentren und Einkaufsstraßen.

Grumpy's Wharf
Sehr populäres Restaurant mit Blick auf die Marina und bekannt für Steaks und Seafood.
Mariners Cove, Broadwater
Sea World Dr., neben Marina Mirage
Tel. 07/5532 2900
Tgl. Lunch und Dinner
Mittlere Preisklasse (AE, DC, EC, Visa)

Formationslauf auf Wasserski im Erlebnispark Sea World

Sapporo
Sehr gute japanische und koreanische Küche abseits des Trubels von Broadbeach.
2763 Gold Coast Highway, Broadbeach
Tel. 07/5539 9933
Tgl. Lunch und Dinner
Untere bis Mittlere Preisklasse
(AE, DC, EC, Visa)

Einkaufen

Pacific Fair Shopping Centre in Broadbeach
Einkaufszentrum der Gold Coast mit 260 Geschäften.
Neben Jupiters Casino
Hooker Blvd., Broadbeach
Mo–Sa 9–17.30, So 10–16 Uhr

Sanctuary Cove im Marine Village
Das Delta des Coomera River wurde zu einer aufwendigen Marina mit diversen Shops und Restaurants umgestaltet. Teil der Anlage ist das prächtige Hyatt-Hotel (Tip für einen Kaffee am Pool).
Casey Rd., Hope Island

Am Abend

Jupiters Casino
Riesige Spielhallen mit wenig Flair, dafür gibt's aber auch keine strenge Kleiderordnung. Der angeschlossene Nightclub ist eine gut besuchte Disko.
Gold Coast Highway, Broadbeach
Tgl. 24 Stunden

Service

Auskunft

Gold Coast Information Centre
Cavill Mall, Surfers Paradise
Tel 07/5538 4419, Fax 5570 3259
Mo–Fr 8–17, Sa 9–17,
So 9–15.30 Uhr

Golf

Ein Paradies für (wohlhabende) Golfer: 40 Plätze stehen zur Auswahl, zu den schönsten gehören Palm Meadows (Carrara, Tel. 07/5594 2450), der Platz des Royal Pines Resort (Tel. 07/5597 8787) und Hope Island, ein naturbelassener Golfplatz mit vielen Teichen (Tel. 07/5530 8988).

Hausboote

Fantaseas Afloat
Mit dem komfortablen Hausboot durch das Gewirr seichter Kanäle und vorbei an prachtvollen Villen zu schippern ist eine angenehm-geruhsame Alternative, die ansonsten turbulente Gold Coast zu erleben.
Sanctuary Cove, Marine Village, Pier F
Tel. 07/5577 8808, 18 00/62 1159 (gebührenfrei in Australien)
Vier Nächte ab ca. 350 A$

Mietwagen

Mustang Style
In einem offenen Mustang aus den 60er Jahren durch Mini-Miami: hier kein Problem.
2631 Gold Coast Highway, Broadbeach
Tel. 07/5592 3533
Ca. 150 A$ für 24 Stunden (inklusive 150 Meilen)

Ausflugsziele

Coolangatta ■ F 10

Der südliche Vorposten der Gold Coast liegt direkt an der Grenze zu New South Wales, ca. 140 km von Brisbane entfernt. Der Landvorsprung von Point Danger bildet das Ostende der Grenzlinie. Der Leuchtturm warnt per Laserstrahl vor den gefährlichen Klippen. Wenn Sie hier oben, nahe dem **Captain Cook Memorial**, einen kleinen Schritt nach Süden machen, befinden Sie sich im Nachbarstaat – und in **Tweed Heads**, der Zwillingsstadt Coolangattas. Die alles trennende Straße heißt natürlich **Boundary Street** (Grenz-Straße). Auch die Monotonie des schnurgeraden, platten Sandstrands hat hier ein Ende. Denn die Strandabschnitte liegen in geschützen Buchten, eingefaßt von bewaldeten Hügeln. Coolangatta ist mehr auf beschaulichen Familienurlaub ausgerichtet als die lauten Seebäder weiter nördlich.

Hotel

Greenmount Beach Resort
In der Nähe des Strandes und des Zentrums, die oberen Zimmer mit Blick aufs Wasser.
Eden Ave.
Tel. 07/5536 1222, Fax 5536 1102
150 Zimmer
Mittlere Preisklasse (AE, DC, EC, Visa)

Essen und Trinken

Oscar's on the Beach
Direkt an einem beliebten Surf-Abschnitt, mehrfach ausgezeichnet.
Marine Parade, Greenmount Beach
Tel. 07/5536 4621
Tgl. Lunch und Dinner
Mittlere Preisklasse (AE, DC, EC, Visa)

Southern Downs: saftige Wiesen, dichte Wälder und viele Nationalparks

Lamington National Park ■ F 10

»The green behind the gold« ist ein aufregender, dicht bewalder Bergzug im Hinterland der Goldküste, nur etwa eine Stunde Fahrzeit entfernt. Aussichtspunkte entlang der kurvigen Bergstraßen gewähren immer wieder Blicke auf die Skyline an der Pazifikküste. Der 200 qkm große Park ist das größte Regenwald-Gebiet im Süden von Queensland. In der kaum berührten Wildnis wird sanfter Tourismus großgeschrieben. Reizvolle Wanderwege führen durch das grüne Dickicht der einsamen Bergwelt. Am Ende zweier Bergstraßen bieten **Binna Burra** und **O´Reilly's** naturnahe Gastlichkeit, ideal auch für Tagesausflügler.

Unterkünfte

Binna Burra Mountain Lodge
Gemütliche Lodge im Blockhaus-Stil mit herrlichem Blick über das Coomera Valley. Ein 20 km langer Wanderweg verbindet die Lodge mit »O'Reilly's«.
Binna Burra (über Beechmont)
Tel. 07/5533 3758, Fax 5533 3658
41 Zimmer
Mittlere bis Obere Preisklasse
(AE, DC, EC, Visa)

O'Reilly's Rainforest Guesthouse
Familiär, aber professionell geführte Lodge ca. 60 km von Nerang entfernt. Ausgangspunkt für Tages-Wanderungen, z. B. für den kurzen **Tree Top Walk**, 50 m über dem dichtbewachsenem Waldboden. Campingplatz in der Nähe.
Green Mountains (über Canungra)
Tel. 07/5544 0644, Fax 5544 0638
51 Zimmer
Mittlere Preisklasse (AE, DC, EC, Visa)

Southern Downs ■ E 10

Bald 200 km westlich der Gold Coast lernen Sie die ländlich verträumte Seite von Queensland kennen. **Warwick, Stanthorpe, Goondiwindi, Inglewood** und **Texas** heißen die Hauptorte der ausgedehnten Region, in der saftige Wiesen und dichte Wälder vorherrschen und in der insgesamt nicht mehr als 40 000 Menschen wohnen. Die Southern Downs rühmen sich eines jahreszeitlich wechselnden Klimas mit erheblich weniger Luftfeuchtigkeit als an der Küste. Hier müssen Sie auf kühle Nächte vorbereitet sein, insbesondere zwischen Juni und August, wenn das Winterwetter auch schon mal Schneefall bescheren kann. Mehrere Nationalparks bieten reizvolle Wandermöglichkeiten, und in den beschaulichen Siedlungen treffen Sie auf die natürliche Gastfreundschaft der Landbevölkerung. **Farm stays** (Übernachtungen auf Farmen) sind die beste Möglichkeit, das Landleben kennenzulernen. Oder Sie entscheiden sich für eine der romantischen **Homesteads** – und lassen sich beim Dinner den superben Wein der Southern Downs schmecken.

Unterkunft

Happy Valley Homestead
Heimelig im Landhaus-Stil eingerichtete Lodge, zentraler Ausgangspunkt für Touren in den Southern Downs.
Glenlyon Dr., Stanthorpe
Tel. 076/81 3250, Fax 81 3082
16 Blockhäuser
Mittlere Preisklasse (AE, DC, EC, Visa)

In der trockenen, einsamen Weite des westlichen Queensland, wo sich die riesigen Ländereien der Viehzüchter erstrecken, sind Pioniergeist und Historie allgegenwärtig.

Outback

Nur gut ausgerüstet mit Kartenmaterial, ausreichend Trinkbarem (am besten Mineralwasser ohne Kohlensäure) und einem vollen Tank sollten Sie die Fahrt durch das dünn besiedelte Landesinnere unternehmen. Zwar liegen an den Hauptrouten, wie dem asphaltierten **Matilda Highway** und der schotterbedeckten, holprigen **Gulf Savannah Developmental Road**, Siedlungen, Rasthäuser, Campingplätze und Tankstellen, doch Umwege wollen wegen der großen Distanzen gut überlegt sein. Solange Sie auf den genannten Hauptrouten bleiben, benötigen Sie kein vierradangetriebenes Fahrzeug. Das Outback ist so etwas wie die historische Keimzelle des modernen Australiens, wo vieles an die Anfänge des jungen Staates erinnert. An den Schauplätzen historisch bedeutsamer Ereignisse – und beinahe jeder Ort zählt dazu – erwarten Sie liebevoll zusammengestellte Museen, sorgfältig erhaltene Baudenkmäler und Menschen, die stolz auf ihr Land und ihre Vergangenheit sind. Doch müssen Sie sich mit meist einfachen Unterkünften und simplen Restaurants zufrieden geben.

Winton: Denkmal eines »Swagman« – eines Saisonarbeiters

Barcaldine ■ C 7

Selbst kleinste Parks sind im trockenen Outback keine Selbstverständlichkeit. Deshalb darf sich die Stadt (sprich »Barcoldin«) auch »Garden City of the West« nennen. Bekannt ist sie als Schauplatz des großen Schafschererstreiks, bei dem 1891 über 1000 Männer gegen die schlechten Arbeitsbedingungen auf den Stations protestierten. Der Aufstand endete am **Tree of Knowledge**, einem Gummibaum vor der **Railway Station**, mit der Gründung der **Labor Party**, die zuletzt von 1983 bis Anfang 1996 die Regierung in Australien stellte.

Museen

Australian Workers Heritage Centre
Zentrum des Komplexes ist das **Australian Bicentennial Theatre** mit Vorführungen von Filmen und Dia-Shows über die Entstehung des Staates Australien. Sehenswert ist auch die Austellung mit Fotografien aus den Pioniertagen und den Zeiten des Schafschererstreiks sowie der gutgeführte Souvenirshop.
Ash St.
Mo–Sa 9–17 Uhr
Eintritt frei

Beta Farm
Das historische Holzhaus wurde von ersten Siedlern Ende des 19. Jh. errichtet und ist heute ein »lebendiges Museum«. Wenn Sie hier **damper** (süßes Weißbrot) und **billy tea** (in der Metall-Kanne servierten Tee) bestellen, erhalten Sie einen traditionellen Outback-Imbiß serviert.
Ecke Pine St./Bauhinia St.
April–Sept. unregelmäßige Öffnungszeiten
Tel. 078/51 1172
Eintritt 5 A$

Birdsville ■ A 8

Im äußersten Südwesten, nur 12 km von der Grenze zu **South Australia** entfernt, leben die knapp 50 Einwohner in einer der abgelegensten Ansiedlungen von Queensland, verfügen aber gleichzeitig über eine der bekanntesten Kneipen: das urige **Birdsville Hotel**, erbaut im Jahr 1884 (zehn Motelzimmer mit Klimaanlage, Tel. 076/56 3244, Untere Preisklasse). Damals war der Ort eine einträgliche Zollstation, die für jedes Stück Vieh kassierte, das von Süden über die Grenze getrieben wurde (→ Feste, S. 29). Heute ist Birdsville Zwischenstation für die Durchquerungen der **Simpson Desert**, einer der größten Wüsten Australiens.

Blackall ■ C 8

Die Kleinstadt am Matilda Highway ist umgeben von ausgedehnten Schaffarmen. Mitten im Zentrum erinnert eine Bronzestatue (Ecke Short St./Shamrock St.) an **Jackie Howe**, jahrzehntelang der schnellste Schafscherer weltweit, nachdem er 1892 immerhin 321 Schafe in nur sieben Stunden und 40 Minuten von ihrer Wolle befreit hatte. 1885 wurde in Blackall der gewaltige artesische Brunnen tief im Erdinneren angebohrt (Ecke Aqua St./Gardes St.) – zum ersten Mal in Queensland. Ohne dieses Wasser könnten die Farmen in der langen Trockenzeit nicht überleben.

Sehenswertes

Historical Woolscour
Die historische Schafscheranlage, 5,5 km nördlich der Stadt, wurde als einzige in ganz Queeensland erhalten.
Tgl. 8–16 Uhr

Charleville ■ D8

Um die Jahrhundertwende baute hier die traditionsreiche Firma Cobb & Co Pferdekutschen für ganz Australien. Die Kleinstadt liegt am südlichen Ende des Matilda Highway und bietet zwei Attraktionen: ein **Royal Flying Doctor Base Museum** (Old Cunnamulla Rd., Mo–Fr 8.30 bis 16.30 Uhr, → Der Besondere Tip, S. 49) und ein Center der **School of Distance Education** (Parry St., Mo–Fr 8.30 bis 15.30 Uhr, → S. 47). Mit der **Steiger Vortex Gun** am Highway südlich der Stadt wollte man 1902 nach einer langen Dürreperiode Regenwolken künstlich aufziehen lassen. Der Versuch scheiterte.

Museum

Historic House Museum
In dem ehemaligen Gebäude der Queensland National Bank, errichtet 1881, ist heute ein interessantes Heimatmuseum untergebracht.
87 Alfred St.
Mo–Fr 9–16, Sa 9–12 Uhr
Eintritt 2 A$

Cloncurry ■ B6

Bis in die 20er Jahre war die ergiebige Kupfermine in Betrieb, der die Kleinstadt am Matilda Highway ihre Gründung im Jahr 1867 verdankt. 1928 richtete John Flynn in Cloncurry den **Royal Flying Doctor Service (RFDS)** ein, dessen fliegende Ärzte und Krankenschwestern heute im gesamten autralischen Outback die weit abgelegenen Stations und Aborigine-Reservate medizinisch versorgen. Gerufen wurden die Ärzte mittels Zwei-Wege-Funkgerät und Pedal-Radio, das bald auf allen größeren Stations zu finden war. Jahrzehntelang hielten die Outback-Bewohner Kontakte zur Außenwelt hauptsächlich über Funk aufrecht. Heute erfolgen die Einsätze der Ärzte immer häufiger nach telefonischen Notrufen. Auf dem alten Friedhof an der Henry St. zeugen Grabsteine von afghanischen Einwanderern, die Ende des vorigen Jahrhunderts Kamele nach Australien einführten. Die Kamel-Population in Australien ist mitterweile die größte weltweit.

Hotel

Wagon Wheel
Ordentliches Motel mit einem Swimmingpool und Restaurant.
54 Ramsey St.
Tel. 077/42 1886, Fax 42 1819
27 Zimmer
Untere Preisklasse (AE, DC, EC, Visa)

Sehenswertes

Qantas Hangar
In Cloncurry wurde die nationale Fluglinie **Qantas** zwar nicht offiziell gegründet, aber hier wurde die Idee geboren, einen Flugdienst für Queensland und das Northern Territory einzurichten, den »**Q**ueensland **a**nd **N**orthern **T**erritory **A**erial **S**ervice«. Diese Worte stehen heute noch über dem Tor der knapp 80 Jahre alten Flugzeughalle.

Museum

John Flynn Place/RFDS Historical Museum
Besonders interessant ist der Arzneikoffer, der bei Erkrankungen Diagnose und Therapie aus der Ferne ermöglicht.
Daintree St.
Mo–Fr 8.30–16, Sa und So 9–15 Uhr
Eintritt 5 A$

Mary Kathleen Memorial Park
Die Gebäude des Freilichtmuseums standen ursprünglich in der Siedlung der benachbarten Mary-Kathleen-Uran-Mine, die knapp 30 Jahre lang, bis in die 80er Jahre, in Betrieb war. Heute beherbergen sie neben historischen Gegenständen eine umfangreiche Stein- und Mineralien-Sammlung sowie die **Visitor Information** (Tel. 077/42 1333).
McIlwraith St.
Mo–Fr 8.30–16, Sa und So 9–15 Uhr
Eintritt 5 A$

Karumba ■ B 4

Der winzige Küstenort, ca. 70 km von Normanton entfernt am **Gulf of Carpentaria** und an der Mündung des Norman River gelegen, bietet reiche Barramundi- und Garnelen-Fanggründe. Kaufen können Sie die schmackhaften Fische und Krustentiere bei **Karumba Seafoods** (Ecke Yappar/Massey Drive), um anschließend in **Karumba Point** einen der traumhaften Sonnenuntergänge am Strand (mit Campingplatz) zu genießen. Doch Vorsicht: In der Bucht gibt es zahlreiche gefährliche Salzwasser-Krokodile.

Unterkunft

Ash's Holiday Units
Saubere Zimmer, ausgestattet mit Küche, 50 m bis zum Strand.
Palmer St., Karumba Point
Tel. 077/45 9123, Fax 45 9134
6 Zimmer
Untere Preisklasse (EC, Visa)

Kynuna ■ B 6

Was hat ein Flecken (sprich »Keinjuna«) mit 20 Einwohnern zu bieten? Immerhin das **Blue Heeler Hotel**, eine stimmungsvolle Raststätte mit einfachem Restaurant, in der die Trucker mit ihren bis zu 50 m langen Lastwagen gerne einen Stopp einlegen (14 Zimmer, teilweise mit Klimaanlage, Campingplatz, Tel. 077/46 8650, Fax 46 8643, Untere Preisklasse, EC, Visa). 16 km südlich

Hauptattraktion von Kynuna ist das stimmungsvolle Blue Heeler Hotel

(am Matilda Highway ausgeschildert) befindet sich das **Combo Waterhole**, in dem sich laut »Waltzing Matilda« der verfolgte Schafdieb Samual Hoffmeister aus Angst vor der Gefangenschaft ertränkt haben soll.

Der Begriff »Waltzing« wurde dem deutschen »auf der Walz« entlehnt, »Mathilde« war in der rothwelschen Sprache die »Begleiterin des Waltzbruders« – unter australischen Swagman wurde daraus die Bezeichnung für »Schlafmatte«. Das 1895, zu Zeiten des Schafschererstreiks, verfaßte Volkslied ist die inoffizielle Nationalhymne Australiens.

Longreach ■ C 7

Die mit 3700 Einwohnern größte Stadt des Central West hat in der **Stockman's Hall of Fame** (→ Der Besondere Tip, S. 74) die Outback-Historie konserviert und konzentriert. Der alte Hangar, in dem auch die ersten sieben Flugzeuge gebaut wurden, steht immer noch auf dem Airport. Hier befindet sich auch das Quantas Founders Museum mit der Touristeninformation (tgl. 9–17 Uhr).

Hotel

Longreach Motor Inn
Mit Restaurant und einem Pool – unverzichtbar im Outback.
84 Galah St.
Tel. 076/58 2322, Fax 58 1828
57 Zimmer
Untere Preisklasse (AE, DC, EC, Visa)

Museum

Qantas Founders Museum
Die Pioniertage der Airline werden in dem ersten Buchungsbüro lebendig erhalten. Nehmen Sie sich Zeit für den Videofilm, der u. a. zeigt, wie erste Passagiere aus den winzigen

Quantas Founders Museum in Longreach: erinnert an die Pioniertage der Fliegerei

Flugzeugen klettern. In dem Museum befindet sich auch die **Visitor Information** (Tel. 076/58 3555).
Eagle St.
Tgl. 9–17 Uhr
Eintritt 3 A$

Einkaufen

Jill Taylor
(→ Der Besondere Tip, S. 22)

McKinlay ■ B 6

Einzige Attraktion in dem unscheinbaren Nest am Matilda Highway, 105 km südlich von Cloncurry, ist das **Walkabout Creek Hotel**, das als Außen-Kulisse für den Kino-Erfolg »Crocodile Dundee« diente und dessen hölzerner Schankraum u. a. Fotografien von den Dreharbeiten zeigt.
Tgl. 10–22 Uhr

Mount Isa ■ A 6

25 000 Menschen wohnen in der größten Ansiedlung im Outback von Queensland, dessen »Stadtfläche« ein Gebiet einnimmt, das so groß ist wie die Schweiz. Die meisten leben vom größten Bergbau Australiens, in dessen Stollen Silber, Blei, Kupfer und Zink gefördert werden. Umgeben vom dünn besiedelten Outback bietet Mount Isa am Westende des Flinders Highway städtische Betriebsamkeit mit Einkaufsstraßen, Hotels/Motels und Restaurants. In der Dämmerung haben Sie vom **City Lookout** an der Hilary Street einen eindrucksvollen Blick auf die Minen-Stadt.

Hotel

Verona
Dreistöckiges Stadthotel mit einem guten italienischen Restaurant.
Ecke Camooweal St./Marian St.
Tel. 077/43 3024, Fax 43 8715
58 Zimmer
Mittlere Preisklasse (AE, DC, EC, Visa)

Sehenswertes

Mount Isa Mine
Die (flache) Skyline der Stadt wird beherrscht von hohen Fabriktürmen, Schornsteinen, Rohrleitungen und Förderbändern der gewaltigen Minenanlage auf dem Hügel im Westen. Bis zu 1100 m tiefe Schächte führen ins Erdinnere, wo in Stollen mit einer Gesamtlänge von 600 km täglich rund 35 t Erz gefördert werden. Die beliebte Besichtigungs-Tour in den Untergrund (**Underground Mine Inspection**, Mo–Fr 8 und 11.45 Uhr) muß einige Tage zuvor bei der **Visitor Information** (→ Auskunft, S. 75) gebucht werden. Eine oberirdische **Surface Tour** inklusive John Middlin Mining Display können Sie Mo bis Fr 9 bzw. 13 Uhr bei **Campbell's Tour** (Tel. 077/43 2006) buchen.

School of Distance Education
Die 20 Lehrer in Mount Isa unterrichten in modernen Studios per Funk 280 Schüler in einem Umkreis von 800 000 qkm.
Abel Smith Parade
Mo–Fr Führungen um 10 und 11 Uhr
Spenden erwünscht

DER BESONDERE TIP

Stockman's Hall of Fame Die fesselnde Ausstellung führt Besucher in die Geschichte des Outback ein, als sich die ersten weißen Siedler in die Einöde wagten, und **drover** (Viehtreiber) Rinder und Schafe über Hunderte von einsamen Kilometer zu saftigeren Weiden im Süden oder den Märkten an der Küste begleiteten. Ausführliche Erläuterungen dringen, auch in deutscher Sprache, vom Kassettenrecorder ins Ohr. Landsborough Highway, am Flughafen von Longreach, tgl. 9–17 Uhr, Eintritt 15 A$ ■ C 7

Museum

Frank Aston Rotary Underground Museum
Einer der ersten Wasserspeicher der Stadt beherbergt ein ganz ansehnliches Heimatmuseum, das auch die Aborigine-Vergangenheit der Region berücksichtigt. Der größte Teil der Ausstellung hat unterirdisch, im Innern des Hügels, Platz gefunden.
Shackelton St.
Mo–Sa 10–14.30 Uhr
Eintritt 4 A$

John Middlin Mining Display and Visitors Centre
In der ehemaligen Kirche erfahren Sie anhand von Ausstellungsstücken, Filmmaterial und Fotos alles über den Bergbau in Mount Isa, ohne sich der Mine nähern zu müssen. Selbst der Abstieg in einen Schacht wird simuliert. Ein Tip für eilige Durchreisende.
Church St.
Mo–Fr 9–16, Sa 9–12 Uhr
Eintritt 2 A$

Riversleigh Fossil Interpretive Centre
Das Museum fasziniert mit einzigartigen Fossilien von Tieren, die vor etwa 20 Mio. Jahren gelebt haben. Gefunden wurden die urzeitlichen Relikte etwa 250 km nordwestlich von Mount Isa, im **Lawn Hill National Park**. Das dort befindliche **Riversleigh Fossil Field** mit seinen Dinosaurier-Fußabdrücken zählt zum Weltkulturerbe.
Marian St., Centenary Park
Tgl. 9–17 Uhr
Eintritt frei

Essen und Trinken

Irish Club
Reichhaltige Portionen werden Ihnen entweder am Buffet oder im Bistro serviert. Der Eintritt ist frei, Sie müssen sich nur in ein Gästebuch eintragen.
Ecke Buckley Ave./Nineteenth Ave.
Tgl. Lunch und Dinner
Untere Preisklasse (EC, Visa)

Service

Auskunft

Visitor Information
Marian St. (Centenary Park), im Riversleigh Fossil Centre
Tel. 077/49 1555, Fax 43 6296
Mo–Fr 8.30–16.30, Sa und So 10–12 Uhr
In einem kleinen Gebäude neben der **Visitor Information** zeigt der Aborigine-Stamm der Kalkadoon interessante Zeichnungen und Requisiten aus seiner Geschichte, bevor die Weißen das Gebiet besiedelten.

Normanton ■ B 4

Etwa die Hälfte der rund 1100 Einwohner der Ansiedlung am nördlichen Ende des Matilda Highway sind Aborigines. Gegründet wurde die Stadt am krokodilreichen **Norman River** Mitte des vorigen Jahrhunderts als Versorgungszentrum für die Goldfelder um **Croyden** im Osten. Einige sehenswerte Gebäude aus den Gründertagen sind noch erhalten, z. B. auf der **Landsborough Street** das **National Hotel**, auch »Purple Pub« genannt, die **Westpac Bank** und das **Burns Phil Building**, in dem heute der größte General Store der Stadt untergebracht ist.

Unterkunft

The Gulfland Motel
Geräumige Zimmer mit Klimaanlage, gutes Restaurant (Spezialität: Barramundi) und Swimmingpool.
Landsborough St./Matilda Highway
Tel. 077/45 1290
20 Zimmer
Untere Preisklasse (EC, Visa)

Sehenswertes

Gulflander
Einmal wöchentlich setzt sich der Dieseltriebwagen zu einer vierstündigen Tour in das 150 km entfernte Croyden in Bewegung. Ansonsten steht der historische Zug in der schmucken, 1891 erbauten Railway Station. Tel. 077/45 1391 (Juni bis Sept. Reservierungen notwendig), Mi 8.30 Uhr ab Normanton, am nächsten Tag (Do) 8.30 Uhr ab Croydon, außerdem Sonderfahrten. Fahrpreis 64 A$ hin und zurück, 35 A$ einfache Fahrt, 24 A$ Rückfahrt mit dem Bus am selben Tag.

Am Abend

Albion Hotel
Gemütlicher Pub. Beachten Sie die Oberfläche der alten Bar-Theke, angebracht über der Eingangstür: **Percy Tresize**, heute ein bekannter Maler und Entdecker der Quinkan Aborigine-Felsmalereien (→ S. 60), hat sie mit Szenen aus dem Outback verziert.
Haig St.
Tgl. ab 11 Uhr

Undara Lava Tubes ■ C5

In der **Gulf Savannah** hat vor ca. 190 000 Jahren ein mächtiger Vulkan die einzigartige Landschaft des heutigen **Undara Volcanic National Park** geprägt. Denn als die Oberfläche der austretenden Lavamassen erkaltete, entstanden gewaltige Basalttunnel (**lava tubes**), durch die noch lange Zeit Lavaströme flossen. Eine Führung durch die stellenweise

Waltzing Matilda Museum: In Winton wurde das Lied erstmals vorgetragen

eingebrochenen Hohlräume zeigt, welche enormen Naturkräfte in der Erdgeschichte die Oberfläche geformt haben. Auf den von Fledermaus-Kot bedeckten Böden werden Sie Spuren von Schlangen und Echsen finden sowie Knochen von Känguruhs, die sich häufig zum Sterben in die Höhlen zurückziehen. Geführte Halbtagestouren (tgl. 9.30–13.30 Uhr) und Tagestouren (tgl. 9.30–17 Uhr) starten in der **Undara Lava Lodge** (→ Der Besondere Tip, S. 15), ca. 250 km südwestlich von Cairns nahe der Gulf Savannah Developmental Road.

Winton ■ B 7

Das trockene Land rund um die beschauliche Kleinstadt am Matilda Highway läßt allenfalls extensive Viehzucht zu. An die zahllosen **swagmen**, die als Saison-Arbeitskräfte mit ihrer Schlafmatte (**swag**) auf dem Rücken von Station zu Station wanderten, erinnert eine Statue an der **Elderslie Street**. Winton wurde bekannt durch »Waltzing Matilda«, denn das von Banjo Paterson verfaßte, traurige Volkslied wurde hier erstmals aufgeführt. Das war 1895 im **North Gregory Hotel** in der Elderslie Street.

Unterkunft

Lorraine Farm
Hier erhalten Sie beste Einblicke in das Leben auf einer riesigen Outback-Farm. Auch für Wohnmobilisten geeignet.
54 km südöstlich von Winton
Tel. 076/57 1693, Fax 57 1796
Untere bis Mittlere Preisklasse

Museum

Qantilda Pioneer Place
Was rund 120 Jahre Stadtgeschichte aufzuweisen haben, ist in dem liebevoll zusammengestellten Heimatmuseum bewahrt worden. Hier befindet sich auch das **Information Centre** (Tel. 076/57 1618).
Elderslie St.
Tgl. 8.30–16 Uhr
Eintritt 5 A$

Sehenswertes

Opalton/Lark Quarry
In Lark Quarry, 115 km südwestlich von Winton, können Sie die Fußspuren einer großen Dinosaurier-Stampede bewundern, in Opalton (115 km von Winton) haben fleißige Hände ein riesiges Gebiet auf der Suche nach Opalen von Grund auf umgekrempelt. Paul Neilsen (**Diamantina Outback Tours**, Tel. 076/57 1514, Fax 57 1722) ist ein ungewöhnlich kundiger Führer auf diesen Touren.

Einkaufen

Opale
Entlang der Elderslie Street haben Sie Gelegenheit, sich über Opale zu informieren, z. B. im **Winton Gift and Gem Centre** mit dem »Opal Walk«, einem künstlich angelegten Opal-Stollen.

Am Abend

Royal Theatre
Eines von zwei Freiluft-Kinos in Australien. Auf bequemen Liegestühlen können Sie den Blick zwischen Stars auf der Leinwand und Sternen am Himmel schweifen lassen.
Elderslie St.
Unregelmäßige Zeiten

Mitten durch Rockhampton zieht sich der Tropic of Capricorn, der Wendekreis des Steinbocks, der die Tropen von den Subtropen trennt.

Rockhampton

■ E7

Entsprechend zweischneidig ist das Klima in der Region um Rockhampton. Mal führt absolute Trockenheit zu regelrechten Dürreperioden, mal will es gar nicht mehr aufhören zu regnen, was immer wieder die Flüsse über ihre Ufer treten läßt. Dem Tourismus an der strandgesäumten Küste mit Zugang zum Barrier Reef tut das keinen Abbruch. »Where the Outback meets the Reef« (»Wo das Outback und das Riff sich begegnen«) lautet der werbewirksame Slogan der Region, die im Westen bis zu den Edelstein-Minen im kaum besiedelten Outback reicht.

Vegetarier haben in Rockhampton einen schweren Stand, denn die 55 000 Einwohner zählende Stadt am Bruce Highway lebt vom Rindfleisch. Nicht umsonst stehen die drei überlebensgroßen Bullen-Statuen an den Hauptstraßen im Zentrum.

Vom frühen Wohlstand der Stadt am **Fitzroy River** zeugen zahlreiche Prachtbauten.

Kulturzentrum der Aborigines: Dreamtime Cultural Centre in Rockhampton

Hotels und andere Unterkünfte

In Rockhampton gibt es eine Reihe durchschnittlicher Motels (Mittlere Preisklasse) entlang des Bruce Highway (Gladstone Road). Über gute Restaurants verfügen das siebenstöckige **Country Comfort Inn** (86 Victoria Parade, Tel. 079/27 9933, Fax 27 1615), das **Motel 98** (98 Victoria Parade, Tel. 079/27 5322, Fax 27 5883) und das **Regency on Albert Street** (Tel. 079/22 6222, Fax 22 2573). Ein freundlich angelegter Campingplatz (mit guten Cabins) ist das **Tropical Wanderer Holiday Village** (Tel. 079/26 3822, Fax 28 8510).

Spaziergang

Der Rundgang durch das historische Rockhampton beginnt am malerischen Ufer des Fitzroy River auf der **Quay Street**, wo ein prächtiges Baudenkmal neben dem anderen steht, z. B. die neo-klassizistischen Bauten der **Fitzroy Shire Council Chambers** (1894) und der **Australia Broadcasting Corporation** (1897). Älter und bescheidener ist der Kolonialstil der **Trustee Chambers** (1877) und des **Rockhampton Club** (1887). Hinter der üppig verzierten, aber vernachlässigten Fassade des einst würdigen **Criterion Hotel** (1889), Ecke Fitzroy Street, verbergen sich heute ein populärer Pub und eine bescheidene Unterkunft (Tel. 079/22 1225, Untere Preisklasse).

Setzen Sie den Weg fort auf der **East Street** (Verlängerung der Mall), wo hinter der altgriechisch geprägten Fassade des **Supreme Court** (1887) und dem imposanten **Post Office** (1895) zwischen **William Street** und **Derby Street** weitere interessante viktorianische Gebäude stehen.

Sehenswertes

Botanical Gardens and Zoo

Der bereits 1869 geschmackvoll angelegte tropische Park im Süden der Stadt spendet auf 40 ha Schatten an der **Murray Lagoon**, einem Lebensraum für zahlreiche Vogel- und Schmetterlingsarten. Weitere Tiere der australischen Tropen können Sie sich in dem angeschlossenen, kleinen Zoo anschauen (Koala-Fütterung um 15 Uhr).
Spencer St., Athelstane Range
Tgl. morgens bis zur Dämmerung
Eintritt frei

Dreamtime Cultural Centre

In dem weitläufigen Freilichtmuseum erfahren Sie Wissenswertes über **Aborigines** und **Torres-Strait-Insulaner**, die Eingeborenen der Inseln in der Torres Strait zwischen Papua-Neuguinea und der Nordspitze von Queensland. Das Gelände ist sozusagen ein Originalschauplatz. Denn wo heute Aborigines für Touristen dem **Didgeridoo** Töne entlocken und den Bumerang werfen, hielten vor langer Zeit die Vorfahren vom Stamm der **Darambal** ihre Zeremonien ab.
Bruce Highway (nördlich der Stadt)
Tgl. 10–17.30 Uhr
90minütige Führungen um 11 und 14 Uhr
Eintritt 11 A$

Olsen's Capricorn Caverns

John Olsen hieß der norwegische Einwanderer, der das gewaltige Höhlensystem im vergangenen Jahrhundert auf seinem Land entdeckte. Besucher fühlen sich in den hoch aufragenden Felskammern wie im Innern einer normannischen Festung. Romantisch wird es im Gewölbe der Cathedral, wo sich Hochzeitspaare bei Kerzenschein und feierlicher Musik aus Lautsprechern das Ja-Wort

geben. Erschrecken Sie nicht, wenn unterwegs plötzlich Fledermäuse zwischen den Stalaktiten und Stalagmiten aufflattern. Die hängen nämlich zuhauf an Decken und Wänden.
Bruce Highway, Abzweigung 26 km nördlich von Rockhampton
Tgl. 8.30–16 Uhr Touren zur vollen Stunde
Eintritt 9 A$

Service

Auskunft

Capricorn Tourism
Curtis Park (südlich der Stadt am Bruce Highway)
Tel. 079/27 2055, Fax 22 2605
Tgl. 9–17 Uhr

Ausflugsziele

Emerald ■ D 7

In dem 263 km von Rockhampton entfernten Städtchen haben Sie das Zentrum des mit nur 6000 Menschen dünn besiedelten **Central Highland** und das Outback erreicht. Ein Teil der Einwohner lebt von der Rinderzucht, ein anderer Teil vom Baumwoll- oder Sonnenblumenanbau. Sehenswertes hat Emerald wenig zu bieten. Viermal wurde der Ort von Bränden zerstört und zuletzt 1968 neu aufgebaut. Übriggeblieben ist das **Pioneer Cottage** (Centenary Drive, tgl. außer Sa 14– 16 Uhr, Eintritt 2 A$), in dem das Heimatmuseum untergebracht ist, und ein ca. 250 Mio. Jahre alter, versteinerter Baum (**fossilised tree**) vor dem Rathaus (**Town Hall**), Ecke Egerton Street/Anakie Street. Emerald ist zwar das englische Wort für Smaragd, doch Edelsteine werden erst 90 km weiter westlich gefunden, allerdings keine Smaragde, sondern Saphire, die ungeschliffen wie dunkles Glas aussehen. **Rubyvale, Willows, Anakie** und **Sapphire** heißen die mit Wohnwagen und Blechhütten provisorisch anmutenden Siedlungen, in denen Edelsteinschürfer die Steppe in eine Mondlandschaft verwandelt haben. Hier kommen die meisten australischen Saphire her, die immerhin 80 Prozent der Weltproduktion ausmachen.

Sehenswertes

Sapphire Mining
Wie mühsam die Saphir-Suche ist, zeigt Ihnen in **Rubyvale** eine Führung durch die stillgelegten unterirdischen Stollen der **Miner's Heritage** (tgl. 9–17 Uhr, Eintritt 5 A$, Tel. 079/85 4444). Die Saphir-Verarbeitung können Sie in der **Rubyvale Gem Gallery** beobachten, wo auch **Sapphire Safaris** zu den Edelsteinfeldern angeboten werden (tgl. 9–17 Uhr, Tel. 079/85 4388).

1,5 km nördlich von der Siedlung Sapphire informiert die **Ransom Mine**, wo und wie man Saphire findet. Anschließend dürfen Sie sich hier auf die Suche machen (**Anakie Gemfields**, Tel. 079/85 4184). Ein kleines Info-Zentrum befindet sich in **Anakie** (**The Big Sapphire**, Tel. 079/85 4525, tgl. 8–17 Uhr). Rund um Rubyvale gibt es nur einfache Campingplätze mit wenigen Motelzimmern (z. B. **Bedford Gardens**, Tel. 079/85 4175).

Service

Auskunft

Central Highland Tourist Center
Clermont St.
Tel. 079/82 4142, Fax 84 9224
Tgl. 9–17 Uhr

Gladstone ■ E 8

Hier an der Küste, 90 km südlich von Rockhampton, soll der Entdecker **James Cook** erstmals seinen Fuß auf den Boden von Queensland gesetzt haben. Dennoch blieb die Mitte des 19. Jh. gegründete Siedlung ein unbedeutendes Nest, bis in den 60er Jahren die größte Aluminiumhütte Australiens hier den Betrieb aufnahm. Doch Gladstone ist alles andere als eine häßliche Industriestadt. Dafür sorgen vor allem attraktive Badestrände bei **Tannum Sands** und der hübsch angelegte Yachthafen, in dem auch das Boot nach **Heron Island** startet.

Essen und Trinken

Yacht Club
Fischgerichte und exquisite Krebse (**mud crabs**).
Goondoon St.
Tel. 079/72 2294
Tgl. Lunch und Dinner
Mittlere Preisklasse

Heron Island/Wilson Island ■ F 7

Die flache Koralleninsel hätte auch als Drehort für Hitchcocks »Die Vögel« herhalten können. Denn unzählige, laut krakelende Seevögel belagern das 3 qkm kleine Eiland, 72 km von der Küste entfernt. Dennoch erholen sich die Gäste des einzigen Hotels, dem **Heron Island Resort** (Tel. 079/78 1488, Fax 78 1457, 127 Zimmer, Mittlere bis Obere Preisklasse, Amex, DC, EC, Visa), prächtig bei **Tauch- und Schnorcheltrips** in den glasklaren Korallengewässern oder beim unvergeßlichen Sonnenuntergang auf der Bar-Terrasse.

Die ultimative Robinsonade erleben Sie während eines Ausflugs auf die benachbarte **Wilson Island**, wo Sie in (komfortablen) Zelten übernachten. Für's leibliche Wohl sorgt ein Koch. Ein Katamaran verkehrt ab Gladstone Marina. Fahrzeit: 2 Stunden, die recht bewegt sein können. Ein Hubschrauber ist

TOPTEN 4

Glasklares Wasser umgibt die Koralleninsel Heron Island

die Alternative (Flugzeit: 30 Minuten, **Lloyd Helicopters**, Gladstone Airport, Tel. 079/78 1777). Preiswerte Arrangements über **Harvey World Travel**.

Great Keppel Island ■ E 7

17 Sandstrände, viel Sonne, zahlreiche Wassersportmöglichkeiten und Platz für an die 400 Übernachtungsgäste haben die 48 km von Rockhampton, aber nur 15 km von der Küste entfernte Insel zu einem beliebten Urlaubsziel für junge Leute gemacht. Nicht nur die inseleigene Disko, laut gutplazierter Werbung für alle zwischen 18 und 35, schreckt seit Jahren ältere Besucher und Familien ab. Wer nach Great Keppel übersetzt, will sich austoben, Spaß haben und die Nächte durchmachen. Die restliche Energie kann man beim Tauchen, Segeln, Fischen, Wandern, Wasserski einsetzen oder bei einem Ausflug zum **Underwater Observatory**, der interessanten Beobachtungsstation unter Wasser auf der benachbarten kleinen Insel **Middle Island** (tgl. 8–17 Uhr, Eintritt 11 A$). Von Rockhampton verkehren kleine Charter-Flugzeuge auf die Insel (Tel. 079/22 4596). Boote starten in **Rosslyn Harbour** (tgl. drei Fahrten, auch Tagesausflüge möglich, **Reefseekers Cruises**, Tel. 079/33 6744).

Unterkunft

Great Keppel Resort
Die Zimmer liegen im doppelstöckigen Gebäude oder in Villen am Hang.
Tel. 079/39 5044, Fax 39 1775
193 Zimmer
Mittlere bis Obere Preisklasse
(Amex, DC, EC, Visa)

Mount Hay ■ E 7

Auf dem Steinfeld des **Mount Hay Gemstone Tourist Park** am Capricorn Highway neben dem Campinglatz finden Sie 118 Mio. Jahre alte **Thundereggs** (Quarzdrusen vulkanischen Ursprungs). Werden sie in der Mitte durchgeschnitten, legen sie in der Regel ein farbenprächtigeres Inneres offen als die Steine bei Eumundi. Gegen einen geringen Aufpreis werden Ihre Funde vor Ort aufgeschnitten (11 A$ für einen Eimer voller Steine).

Mount Morgan ■ E 7

In der einst boomenden Minenstadt, 38 km südwestlich von Rockhampton, ist es heute ruhig und bescheiden neben dem gewaltigen, 1981 stillgelegten Tagebau von 274 m Tiefe und mit einem Durchmesser von 800 m – einem der größten der Welt. Wie gut die Einwohner einst vom Gold- und Kupferabbau lebten, zeigt das vor Sammelleidenschaft überquellende **Historical Museum** (Ecke Morgan/East St., Mo–Sa 10–13.30, So 10–16 Uhr, Eintritt 4 A$).

Yeppoon ■ E 7

Um den ansehnlichen Küstenort mit guten Unterkunftsmöglichkeiten liegen Rockhamptons Badestrände, am Wochenende beliebte Ausflugsziele für die Städter. Reizvoll ist die Fahrt von Rockhampton aus auf dem ca. 100 km langen **Scenic Loop** nach Emu Park und entlang der **Capricorn Coast** nach Yeppoon, vorbei an dem malerischen Hafen von **Rosslyn**.

Hotels

Bayview Tower
Zentrale Lage in Yeppoon, jedes Zimmer in dem siebenstöckigen Gebäude hat Meerblick.
Nomanby St.
Tel. 079/39 4500, Fax 39 3915
63 Zimmer
Untere bis Mittlere Preisklasse

Rosslyn Bay Inn Resort
Guter Ausgangspunkt für einen Ausflug nach Great Keppel, das Auto wird bewacht.
Rosslyn Bay
Tel. 079/33 6333, Fax 33 6297
42 Zimmer
Untere Preisklasse (Amex, EC, Visa)

Sehenswertes

Koorana Crocodile Farm
Besser kommen Sie den furchteinflößenden Salzwasserkrokodilen (**salties**) nirgends näher. Dafür sorgt der Besitzer **John Lever**, der als Experte auch zu Hilfe gerufen wird, wenn in freier Wildbahn ein aggressives Krokodil eingefangen werden muß. Nach der exzellenten 90minütigen Führung wissen Sie alles über die bis zu 4 m langen Riesenechsen und ihre Nachkommen, die in der Brutabteilung aus den Eiern schlüpfen. John Lever züchtet Krokodile, deshalb können Sie sich im angeschlossenen Restaurant das zarte, hühnerfleischähnliche **croc-steak** schmecken lassen – ohne gegen den Artenschutz zu verstoßen. Eine Lodge (5 Zimmer, Mittlere bis Obere Preisklasse) ist der Farm angeschlossen.
Emu Park
Tel. 079/34 4749
Tgl. 11.30–15 Uhr
Führungen 13 Uhr sowie abends (**spotlight dinner tour**)
Eintritt 9 A$

Great Keppel Island – die Insel für Erlebnisurlaub

Essen und Trinken

Ferns Hideaway
Der Ausflug lohnt sich auch wegen dieses gemütlichen »Wilderness Restaurant« im Kolonialstil. Einfache **cabins** auf einem Campingplatz.
Tel. 079/35 1235
So–Fr nur Lunch, Sa nur Dinner
Untere Preisklasse

Einkaufen

Nob Creek Pottery
Das gutbestückte Geschäft für hochwertiges Kunsthandwerk (Töpferei) liegt versteckt in der grünen Einsamkeit von Byfield, 37 km nördlich von Yeppoon.
Mi–So 11–17 Uhr

Die 65 Kilometer lange Kette feinster Badestrände nördlich von Brisbane genießt ebensoviel Sonnenschein wie die üppigen Obstplantagen im Hinterland.

Sunshine Coast

Sieben Stunden Sonnenschein täglich versprechen Prospekte den Besuchern – und werden ganz selten Lügen gestraft. Erfrischende Meeresbrisen machen an der Küste die Sommerhitze erträglich, und im Landesinnern ist es allemal immer ein paar Grade kühler. Verständlich, daß Brisbanes Bevölkerung zum Wochenende gerne knapp 90 Minuten nordwärts fährt, um dem einfachen Strandleben zu frönen oder sich in dem schicken Ferienort **Noosa Heads** stilvoll zu erholen. Zwischen den flachen Stränden im Osten und den bis zu 500 Meter aufragenden Vulkankegeln der **Glasshouse Mountains** im Westen zeugen Ananas-, Ingwer- und Macadamia-Plantagen von der Fruchtbarkeit im Hinterland. Hier können Sie sich stärken, bevor Sie aufbrechen zu Tagesausflügen in die sanfte Hügellandschaft der **Blackall Range**, wo Sie in urigen Ateliers kreatives Kunsthandwerk bewundern und erwerben können.

Die Glasshouse Mountains sind eine malerische Kulisse

Blackall Range ■ F 9

Wegen ihrer zahlreichen Künstler und Kunsthandwerker wird die grüne, bis zu 500 m hohe Hügellandschaft fern der Küste auch das »kreative Herz« der Sunshine Coast genannt. In **Landsborough**, am Highway 1 (Bruce Highway), beginnt der kurvige **Range Drive**, der weiter westlich malerische Dörfer wie **Maleny**, **Montville**, **Kondalilla**, **Flaxton** und **Mapleton** verbindet.

Von **Gerrard's Lookout**, 5,5 km südlich von Maleny, können Sie bei klarem Wetter bis zur Küste blicken.

Unterkunft

Solothurn Rural Resort
Der Name kommt nicht von ungefähr: Die Lodge und auch die Einrichtung der weit verstreut liegenden Cottages auf dem Farmgelände erinnern an die Schweiz, ebenso wie die landschaftliche Umgebung. Zum Freizeitangebot gehören Reiten und Tennisspielen.
Reesville Rd., Maleny
Tel./Fax 07/5494 2438
12 Cottages, 3 Motelzimmer
Mittlere Preisklasse (AE, DC, EC, Visa)

Einkaufen

Montville
In spitzgiebeligen Holzhäuschen und verwinkelten Cottages wird entlang der Hauptstraße des historischen Städtchens attraktives Kunsthandwerk gefertigt und verkauft. Zur Auswahl stehen über 20 Shops, Galerien und einige hübsche Cafés und Restaurants. Rechnen Sie ca. zwei bis drei Stunden für den Rundgang.

TOPTEN 7

Eumundi ■ F 9

Das unscheinbare Dorf unweit des Bruce Highway birgt gleich drei Attraktionen: Auf der **Thunder Egg Farm** können Sie Steine (Quarzdrusen) finden, die aufgeschnitten farbige Halbedelsteine und Mineralien ans Tageslicht bringen (Bunya Rd., tgl. 9–16.30 Uhr). Samstagmorgens zwischen 6.30 und 12.30 Uhr verwandelt sich ein Teil des **Memorial Drive** in einen bunten, ländlichen **Markt**, und im **Imperial Hotel** (Memorial Drive, tgl. 10–22 Uhr) wird das von Bierkennern in höchsten Tönen gelobte **Eumundi Lager** gebraut.

Glasshouse Mountains ■ F 9

Die von den Felshängen reflektierten Sonnenstrahlen sollen James Cook an die Treibhäuser seiner englischen Heimat erinnert haben. Was ihn angeblich auf die Bezeichnung Glasshouse Mountains brachte. Tatsächlich kann man die 13 bis zu 550 m schroff aufragenden Kegel längst erloschener Vulkane, die sich südlich der Blackall Range aneinanderreihen, noch von der Küste aus sehen. Bergsteiger und Bergwanderer finden ideale Terrains vor. Zwei Stunden dauert zum Beispiel der gemächliche Aufstieg zur Spitze des **Mount Ngungun**, während die Steilhänge des **Mount Coonowrin** Free climber und Bergsteiger fordern. Vier einzelne Parks bilden die **Glasshouse Mountains National Parks**, durch deren bizarre Landschaft der **Forest Drive**, ein Netz sowohl geteerter als auch unbefestigter Straßen mit überwältigenden Ausblicken, führt. Die Zufahrt vom Bruce Highway erfolgt über die Abzweigung nach **Beerburrum**.

Sunshine Coast
15 km
N
Gympie
Deep Creek
Gold Fossicking Area
Fraser Island, Bundaberg
Wolvi
Mt. Coondoo 289 m
Mt. Wolvi 378 m
Cooloola Nat. Park
Lake Cooloola
Lake Como
Beach
Teewah Coloured Sands
Teewah
Lake Cootharaba
Long Flat
Woondum
Mt. Teitsel 354 m
Kin Kin
Boreen
Six Mile
Mt. Pinbarren Nat. Park
Traveston
Bruce Highway
Amamoor
Cooran
Creek
Noosa River Nat. Park
Teewah
Laguna Bay
Mary
Pomona
Lake MacDonald
Kandanga
River
Tewantin
Noosaville
Noosa Nat. Park
Bergins Pocket
Cooroy
Mt. Cooroy 427 m
Noosa Heads
Imbil
Carters Ridge
Doonan
Lake Weyba
Marcus Bay
Eerwah Vale
Brooloo
Belli Park
Mt. Eerwah 402 m
Eumundi
Peregian Beach
Cooloolabin Dam
North Arm
Coolum Beach
Yandina
Blackall
Wappa Dam
Marcoola
Kenilworth
Obi Obi
Poona Dam
Bli Bli
Mapleton Falls N. P.
Mapleton
Mudjimba
Mary River
Nambour
Cambroon Bridge
Obi Obi
Creek
Woombye
Flaxton
Sunshine Plantation
Maroochydore
Kondalilla N. P.
Palmwoods
Buderim
Obi Obi Gorge N. P.
Range
Witta
Montville
Mooloolaba
Baroon Pocket Dam
Conondale
Eudlo
Warana
Mooloolah River Nat. Park
Palmview
Maleny
Mooloolah
Aussie Village
Currimundi
Ewen Maddock Dam
Booroobin
Landsborough
Highway
Caloundra
Conondale Range
Cedarton
Channel
Beerwah
Mt. Beerwah 556 m
Coonowrin
Bruce
Pumicestone
Ngungun
Glass House Mountains
Glasshouse Mountains Nat. Park
Bribie Island
Beerburrum
Donnybrook
Elimbah
Toorbul
Wamuran
Bellara
d'Aguilar Highway
Caboolture
Woorim
Bongaree
Brisbane
Durchgangsstraßen
Unbefestigte Straßen
Yandina Ausflugsziel
Top Ten
Sehenswürdigkeit
Flughafen
Flugplatz
Nationalparkgrenze

Gympie ■ F 9

Die 11 000 Einwohner zählende Stadt am Bruce Highway ist auf Gold gebaut. James Nash hieß der Glücksritter, der hier im Jahr 1867 nach ein paar Spatenstichen den ersten Nugget fand. Der anschließende Goldrausch soll den Staat Queensland damals vor der Pleite gerettet haben. Bis in die 20er Jahre wurde im Umland gewerblich nach Gold gesucht. Heute lebt die Stadt von der Forst- und Landwirtschaft. Doch Touristen können in der **Deep Creek Gold Fossicking Area** weiter auf Goldsuche gehen.

Museum

Gold Mining and Historical Museum
Auf dem ausgedehnten Gelände wird die ehemalige Goldsuche im großen Stil lebendig gehalten. Nehmen Sie sich mindestens eine Stunde Zeit, die mit viel Liebe funktionsfähig gehaltenen Maschinen und Förderbänder zu besichtigen. Nebenbei erfahren Sie eine ganze Menge über die Heimatgeschichte von Gympie. Im Museum befindet sich auch das **Tourist Information Centre**, wo Sie ein **permit** (Erlaubnis) zum Goldsuchen erhalten.
215 Brisbane Rd. (am Bruce Highway)
Tgl. 9–16.30 Uhr
Eintritt 6 A$

Einkaufen

Golden Gem
Der kleine Ausstellungsraum ist angefüllt mit unzähligen Mineralien und Halbedelsteinen aus aller Welt. Einige Steine stehen zum Verkauf.
Witham Way
Tgl. 9–16.40 Uhr
Eintritt 1 A$

Mooloolaba ■ F 9

The Wharf heißt der lebhafte Hafen der von Badestränden umgebenen Ferienorte im südlichen Abschnitt der Sunshine Coast. Hier finden Sie bunte Läden, muntere Restaurants, in denen frischester Fisch serviert wird, und touristische Attraktionen. Gleich nebenan liegt **Maroochydore** und ca. 10 km weiter nördlich **Mudjimba**, beides reizvolle kleine Badeorte mit goldenen Sandstränden und Unterkünften für jedermann. Ganz im Süden der Sunshine Coast, etwa 17 km von Mooloolaba entfernt, erreicht die Küstenstraße **Caloundra**. Hier gibt es zwischen Bribie Island und dem Festland die geschützten Gewässer des **Pumicestone Channel** zum Fischen und Schwimmen, während die Strände im Norden der Stadt kräftige Wellen zum Surfen bieten. Die meisten Sehenswürdigkeiten liegen an der Küstenstraße, die parallel zum »schnelleren« Sunshine Coast Highway verläuft.

Hotels und andere Unterkünfte

Maroochy Beach Park
Sehr gepflegter Campingplatz (ohne Hütten), unmittelbar am breiten, leeren Sandstrand und gegenüber der Underwater World.
Parkyn Parade
Tel. 07/5444 1201
Untere Preisklasse

Novotel Twin Waters
Mittelpunkt des großen zweistöckigen Resorts ist eine künstlich angelegte Lagune. Zu der Anlage gehört ein ausgezeichneter Golfplatz. Häufig günstige Sondertarife.
Ocean Drive, Mudjimba Beach
Tel. 07/5448 8000, Fax 5448 8001
374 Zimmer
Mittlere bis Obere Preisklasse

Sehenswertes

»Endeavour Replica«
Kinder fühlen sich im Innern und an Deck des Dreimasters wie Erwachsene. Denn der Nachbau ist nur etwa zwei Drittel so groß wie das Originalschiff »Endeavour«, mit der James Cook im 18. Jh. die Küste von Queensland erforschte. Bill Goodchild, der Erbauer der Replik und ehemals Seemann, weist Besucher auch gerne in die Kunst ein, das Innere von Gläsern und Flaschen mittels farbigem Sand in zauberhafte Landschaften zu verwandeln.
David Low Way (am Waterfront Hotel), Maroochydore
So–Do 9–12 Uhr
Eintritt 5 A$

Underwater World
Ein 80 m langer, durchsichtiger Tunnel aus Acryl führt durch riesige Wasserbecken, in denen Haie und Rochen über den Köpfen der Besucher kreisen. Daneben gibt es Pools, in denen man Fische und Schalentiere anfassen darf. Schwerpunkte des lehrreichen Aquariums sind die farbenprächtige Unterwasserwelt des **Great Barrier Reef** und das ebenso interessante Leben in den Flüssen und **Billabongs** (Tümpeln). Täglich um 16 Uhr kann man auch 30 Minuten mit den Haien im Becken untertauchen (ca. 55 A$ plus Tauchausrüstung, **Scuba World**, Tel. 07/5444 8595). Ein dreistündiger Anfängerkurs startet um 13 Uhr (99 A$).
Parkyn Parade, The Wharf
Tgl. 9–17 Uhr,
Shows 10.30–16.30 Uhr
Eintritt 16 A$

Einkaufen

Mooloolaba Fisheries
Bei so viel frischem Fisch bekommt man Appetit.
21 Parkyn Parade (500 m von der Underwater World entfernt am Yachthafen)
Tgl. 9–20 Uhr

Service

Auskunft

Tourist Information
Ecke Aerodrome Rd./Sixth Ave.
Maroochydore
Tel. 07/5479 1566, Fax 5479 1761
Mo–Sa 9–17, So 10.30–16 Uhr

Nambour ■ F9

Ursprünglich eine Station auf der alten Postkutschen-Route, ist die 10 000 Einwohner zählende Stadt am Bruce Highway heute das wirtschaftliche Zentrum im Hinterland der Sunshine Coast. Drumherum liegen ausgedehnte Obstplantagen und Zuckerrohrfelder, und während der Zuckerrohrernte zwischen Juli und Oktober rattern kleine Züge mit ihrer süßen Fracht mitten durch die Stadt Richtung Zuckermühle.

Sehenswertes

Ettamogah Pub/Aussie Village
Hauptattraktion des mäßigen Vergnügungsparks mit gefährlichen Reptilien hinter Glas und harmlosen Kamelausritten ist die typische (in diesem Fall ziemlich schräge) Aussie-Kneipe, wo Eltern sich mit einem **stubbie** (einer Flasche Bier) erfrischen können, während die Kleinen draußen herumtollen. Schauen Sie sich gut um in dem Pub. Sie werden eine Menge über die australische Kneipenkultur der **mates** und **sheilas**

und über typische Aussie-Redewendungen erfahren.
Am Bruce Highway, Ausfahrt Glenview Rd.
Tgl. 9–18 Uhr

Sunshine Plantation Big Pineapple/Macadamia Nut Factory
Die 15 m hohe Ananas am Eingang der Plantage (ausgeschildert am Bruce Highway, 6 km südlich von Nambour) ist nicht zu übersehen. Von oben können Sie sich einen Überblick über das 112 ha große Gelände verschaffen, bevor eine Zuckerrohr-Bahn mit Ihnen durch verschiedene Anpflanzungen zockelt. Unterwegs können Sie aussteigen und durch schattigen Regenwald schlendern, den kleinen Tierpark besuchen oder umsteigen zur **Nutcountry Tour**, bei der Sie auf dem Weg zur **Macadamia-Fabrik** alles über die edlen, in Queensland wachsenden Nüsse erfahren. Anschließend entführt Sie die **Tomorrow's Harvest Tour** mit kleinen Booten in die Zukunft hochtechnisierter Landwirtschaft.
Tgl. 9–17 Uhr, letzte Tour 16.10 Uhr
Eintritt frei, Touren jeweils 5 A$

Einkaufen

Crayfish Farm
Ein Berliner Ehepaar züchtet und verkauft köstliche Langusten (Moreton Bay Bugs) und veranstaltet Führungen durch die Farm.
Am Bruce Highway, Ausfahrt Glenview Rd.
Tgl. 9–16.30 Uhr

Opals Downunder
Große Auswahl an Opalen – auch aufwendige Schmuckstücke –, geschliffen von dem Österreicher Immo Stein.
Am Bruce Highway, Ausfahrt Glenview Rd.
Tgl. 9–17 Uhr

DER BESONDERE TIP

Cooloola National Park Die naturbelassene, sandige Küstenregion nördlich des Noosa River ist berühmt für ihre **Teewah Coloured Sands**, wie die mächtigen, in allen Farben schillernden Sandsteingebilde genannt werden. Erforschen Sie die menschenleere Seen- und Flußlandschaft mit dem Geländewagen (Sunshine 4wd Hire, Noosaville, Noosa Tewantin Rd., Noosa Junction, Tel. 07/5447 3702, ca. 80 A$ pro Tag inklusive Versicherung). In Tewantin überqueren Sie den Fluß, passieren nach ca. zwei Kilometern das »Noosa North Shore Wilderness Camp« (einen ziemlich naturbelassenen Campingplatz am Strand) und fahren dann ca. 60 km auf dem festen Sand des Nationalparks über **Rainbow Beach** (kleiner Ort mit Tankstelle und Lebensmittelläden) bis **Inskip Point**, wo die Autofähre nach Fraser Island ablegt. Die Strecke kann nur bis zwei Stunden vor oder zwei Stunden nach der Flut befahren werden. ■ F9

Noosa Heads ■ F9

Der schicke Ferienort auf dem Landvorsprung im Norden der Sunshine Coast gehört zu den populärsten in ganz Australien. Eine Spur mediterran mutet die Atmosphäre auf der Flaniermeile der **Hastings Street** an, wo edle Mode-Boutiquen sich abwechseln mit belebten Straßencafés, durchgestylten Bistros und eleganten Restaurants. Auch die Hotel- und Apartment-Bauten wurden dezent dem stilvollen Ambiente angepaßt. Wer hier Urlaub macht, sollte zur Sicherheit auch etwas Feineres zum Anziehen im Gepäck haben. Abends verwandelt sich der parallel zur Hastings Street verlaufende **Main Beach** in eine romantische Promenade unter dem Sternenhimmel. Den äußersten Nordosten nimmt der 430 ha große **Noosa National Park** mit kurzen, aber reizvollen Wanderstrecken ein. Der **Viewland Drive** führt ein Stück hinein und hinauf zum **Laguna Lookout**.

TOPTEN 1

Hotels und andere Unterkünfte

Netanya
Wie geschaffen für Romantiker: Das Haus mit nettem Gartenrestaurant (»Sails«) liegt direkt am Strand, und die Beachfront Penthouse-Zimmer haben ein herrliches Freiluft-Bad.
75 Hastings St.
Tel. 07/5447 4722, Fax 5447 3914
48 Zimmer
Obere Preisklasse bis Luxusklasse
(AE, DC, EC, Visa)

Sunrise Beachfront Holiday Village
Campingplatz mit einfachen Hütten (teilweise mit WC/Dusche, aber ohne Klimaanlange) direkt am schönen Dünen-Strand, ca. 10 Fahrminuten von Noosa Heads entfernt.
David Low Highway, Sunshine Beach
Tel. 07/5447 3294

Tingirana
Beliebte, preiswerte Unterkunft in bester Lage von Noosa, direkt am

Noosa Heads: Trotz Ozonloch ist der Strand sehr belebt.

Strand. Einige Zimmer haben eine Küche. Reservierung notwendig.
25 Hastings St.
Tel. 07/5447 3274, Fax 5447 4781
15 Zimmer
Mittlere Preisklasse (EC, Visa)

Sehenswertes

House of Bottles
Wohin mit 35 000 Flaschen? George Clifford baute in den 60er Jahren daraus ein Haus – und aus weiteren 17 000 **stubbies** (Bierflaschen) noch einen 8 m hohen Turm. Ein einzigartiges Bauwerk voll farbiger Lichteffekte.
19 Myles St., Tewantin (6 km westlich von Noosa Heads)
Tgl. 9–17 Uhr
Eintritt 4 A$

Essen und Trinken

Entlang der **Hastings Street** haben Sie die freie Auswahl unter guten Restaurants (z. B. **Saltwater** für frischen Fisch und **Palmers** für anspruchsvolle Küche).

Café Cocos
Kolonial angehauchte Atmosphäre am Rande des Noosa National Park mit Blick auf die Laguna Bay. Auch ein Frühstücks-Tip.
Ecke Park Rd./Mitti St.
Tel. 07/5447 2440
Tgl. 8–22 Uhr
Untere bis Mittlere Preisklasse (AE, EC, Visa)

Eduardo's
Restaurant direkt am Strand (frühzeitig einen Tisch reservieren). Beliebt ist das Fischcurry.
25 Hastings St., Tingirana Arcade
Tel. 07/5447 5875
Tgl. ab 8 Uhr
Mittlere Preisklasse (AE, DC, EC, Visa)

Für das House of Bottles wurden unzählige Bierflaschen verbaut

Service

Auskunft

Information Centre
Hastings St.
Tel. 07/5447 4988
Tgl. 9–17 Uhr

Yandina

Nur die **Ginger Factory** lohnt den Besuch der ansonsten langweiligen Kleinstadt am Bruce Highway. Auf dem Gelände der weltweit größten Ingwer-Fabrik können Sie die mit dem Bambus verwandte Pflanze begleiten bis zur Abfüllung als Ginger Beer oder Ginger Jam. Natürlich gibt's auch reichlich Gelegenheit zum Probieren und einige nette Souvenir-Shops (Pioneer Rd., tgl. 8.30 bis 16.30 Uhr, Eintritt frei).

Der Flinders Highway verbindet die Tropenstadt Townsville mit den dünn besiedelten Goldfeldern und Geisterstädten im staubigen Landesinnern.

Townsville

■ D1

In Townsville finden Sie vor, was man von einer Stadt mit 120 000 Einwohnern erwarten kann: eine verkehrsberuhigte, von kleinen und großen Läden gesäumte **Mall**, eine reiche Auswahl an Restaurants und Hotels und das **Breakwater Casino**, wo an Spieltischen die Nächte lang werden. Townsville bemüht sich redlich, Besucher anzulocken und für einen oder mehrere Tage in der Stadt zu halten – immer mit eifersüchtigem Blick nach Norden auf die Touristen-Metropole Cairns. Townsville, die größte tropische Stadt Australiens, wurde um die Jahrhundertwende reich durch Goldfunde in **Charters Towers** und **Ravenswood**, beides Siedlungen fern der Küste, wo die Tropen meist trocken und staubig sind. Lassen Sie sich auf dem Flinders Highway entführen in alte Goldgräbertage. In kargen ländlichen Siedlungen werden Sie auf bodenständiges Leben mit freundlichen und hilfsbereiten, manchmal etwas verschrobenen Menschen treffen.

Townsville: Hier dreht sich noch nicht alles um den Tourismus

Hotels und andere Unterkünfte

Aquarius on the Beach
Hochhaus-Hotel mit herrlichen Blicken über die Cleveland Bay.
75 The Strand
Tel. 077/72 4255, Fax 21 1316
153 Zimmer
Mittlere bis Obere Preisklasse (AE, DC, EC, Visa)

Seagulls
Motel mit Standard-Zimmern direkt am Wasser.
74 The Esplanade
Tel. 077/21 3111, Fax 21 3133
70 Zimmer
Mittlere Preisklasse (AE, DC, EC, Visa)

Yongola Lodge
Dem einfachen Motel mit Pool ist ein gemütliches griechisches Restaurant in einem Haus aus dem Jahre 1884 angeschlossen.
11 Fryer St.
Tel. 077/72 4633, Fax 21 1074
10 Zimmer
Untere Preisklasse (AE, DC, EC, Visa)

Sehenswertes

Billabong Sanctuary and Alligator Creek
Krokodile, Koalas, Wombats, Känguruhs, Dingos und imposante Laufvögel wie die Cassowaries – fast alles, was in Queensland kreucht und fleucht, wird Ihnen hier begegnen. Der Tierpark wurde um einen **Billabong** (Teich) angelegt, und zu den Fütterungen um 11.30 und 14 Uhr kommen auch erstarrte **salties** (Salzwasser-Krokodile) in Bewegung.
Am Bruce Highway, 17 km südlich der Stadt
Tgl. 8–17 Uhr (verschiedene Shows)
Eintritt 17 A$

Castle Hill
Die Stadt wird von einem 285 m hohen Felsen überragt, der Ausblicke auf das Häusermeer, die Küste und die vorgelagerten Inseln gewährt. Hinauf führen die 2,5 m lange, kurvenreiche **Castle Hill Road** und ein steiler Fußweg (ab Blackwood St.).

Museum

Museum of Tropical Queensland
Die Ausstellung beschäftigt sich mit der Naturgeschichte von Queensland, vor allem mit den Reptilien der Urzeit. Kinder werden sich begeistert mit der Dinosaurier-Figur des **Muttaburrasaurus** beschäftigen. Das Museum ist untergebracht im Komplex des **Great Barrier Reef Wonderland** (→ Der Besondere Tip, S. 94).
70 Flinders St. East
Tgl. 9–17 Uhr
Eintritt 3 A$

Essen und Trinken

Cactus Jack
Populäres, rustikales Restaurant mit anerkannt guter »Tex-Mex«-Küche.
21 Palmer St.
Tel. 077/21 1478
Tgl. Dinner
Untere bis Mittlere Preisklasse (AE, EC, Visa)

Quarterdeck
Preiswertes Bistro am Yachthafen gegenüber vom Sheraton.
Tel. 077/22 2324
Tgl. 11–23 Uhr

Somewhere Nice
Kreative australische Küche in einem historischen Haus mit Garten.
81 Bundock St. (Belgian Gardens)
Tel. 077/72 4765
Di–Sa Dinner
Mittlere Preisklasse (AE, DC, EC, Visa)

Einkaufen

Jeden Sonntag zwischen 8.30 und 12.30 Uhr findet in der Flinders Mall der **Flinders Mall Cotters Market** statt.

Am Abend

Sheraton Breakwater Casino
Casino, Luxushotel, Restaurants – alles unter einem (hohen) Dach.
Sir Leslie Thiess Dr.
Tel. 077/22 2333
Casino Mo–So 10–3, Fr und Sa 10–4 Uhr

Service

Auskunft

Tourist Information
– Flinders Mall
Tel. 077/71 3061, Fax 71 4361
– Bruce Highway, 8 km südlich der Stadt
Tel. 077/78 3555

Ausflugsziele

Bowen ■ E 6

Die Küstenstadt am Bruce Highway lebt vom Gemüse- und Früchteanbau, was ihr den Beinamen »Salad Bowl of the North« (»Salatschüssel des Nordens«) eingebracht hat. Immer zur Erntezeit reisen zahlreiche Saisonarbeiter an. Dann sind die meisten Billigunterkünfte belegt. Bei der Einfahrt in die Stadt zeugen meerwassergefüllte Teiche von der Salzgewinnung, die hier seit 1925 betrieben wird. Bowen war der erste Küstenort, der nördlich von Rockhampton gegründet wurde. Wenn Sie mehr über die knapp 140jährige Geschichte erfahren wollen, sollten Sie das **Bowen Historical Museum** (22 Gordon St., Mo–Sa 10–16 Uhr) besuchen. Die citynahen Sandstrände **Kings Beach** und **Queens Beach** eignen sich zum Baden.

Der Besondere Tip

Great Barrier Reef Wonderland Den sehenswerten Komplex beherrscht das riesige Aquarium, ein Ausschnitt der Unterwasserwelt am Great Barrier Reef. Hindurch führt ein durchsichtiger Tunnel mit faszinierenden Einblicken in die bunte Korallenlandschaft. Lehrreiche und ausgezeichnete Diashows beantworten alle meeresbiologischen Fragen. Ebenfalls in dem Komplex untergebracht ist das **Omnimax Theatre** u. a. mit einem interessanten 3-D-Film über das Great Barrier Reef: eine gute Einführung in das »achte Weltwunder«, bevor Sie in Cairns oder Port Douglas zu Exkursionen starten. Flinders St. East, Townsville, tgl. 9–17 Uhr, Eintritt Aquarium, 12 A$.

Charters Towers ■ D 6

153 km landeinwärts erreicht der **Flinders Highway** (Highway 78) Charters Towers, eine alte Goldgräberstadt, auf der noch die Patina ehemaligen Reichtums liegt. 10 000 Menschen leben heute in der friedlich anmutenden Stadt, rund 2000 davon sind Schüler aus weiten Teilen des Landes, die eine der sechs renommierten Schulen besuchen. Charters Towers gilt heute als Bildungszentrum Nordaustraliens.

Einst zählte die Stadt um die 30 000 Einwohner. Und die meisten suchten Gold, nachdem ein Aborigine-Junge namens Jupiter Mossman am Weihnachtsabend 1871 goldhaltige Quarzbrocken gefunden hatte. Charters Towers wuchs schnell zur zweitgrößten Stadt von Queensland heran, bis in den 20er Jahren die Minen erschöpft waren und die meisten der verbliebenen Einwohner auf Rinderzucht umstiegen.

Spaziergang

Bei einem kleinen Rundgang durch die Stadt wird die Erinnerung an die reichen Goldtage wach. Die stilvolle Laden-Galerie der **Stock Exchange Arcade** (Mossman St.) beherbergt auch das **Information Centre** (Tel. 077/87 1280, Fax 87 7801). Ein paar Häuser weiter ist im **Old Bartlam's Building** das sehenswerte **Zara Clark Transport and Folk Museum** (tgl. 10–15 Uhr) untergebracht. Gleich mehrere historische Bauten, wie das **Court House Hotel** und **Excelsior Hotel**, stehen an der abzweigenden Gill Street.

Hinchinbrook Island ■ D 5

Die größte Insel im Norden von Queensland ist zugleich der größte vom Wasser umgebene Nationalpark der Welt. Auf fast 600 qkm wuchert tropischer Busch, an der Westseite eingefaßt von Mangro-

Hinchinbrook Island ist der größte Insel-Nationalpark der Welt

ven-Sümpfen, in denen auch Salzwasser-Krokodile heimisch sind. Für mehrtägige Wanderungen stehen einfache Zeltplätze zur Verfügung, Verpflegung muß mitgebracht werden (Insektenschutzmittel nicht vergessen!). Die erforderliche Erlaubnis stellt der **National Parks and Wildlife Service** im Küstenort Cardwell aus. Anmelden muß man sich hier auch zum **Thorsborne Trail**, wie die drei- bis viertägige Wanderroute entlang der Ostküste heißt.

Hotel

Hinchinbrook Island Resort
Die einzige Hotelanlage auf der Insel liegt an der strandumsäumten Nordostspitze und bietet ein zauberhaftes Wohngefühl in **tree houses**. Boot-Transfer ab Cardwell oder Dunk Island (erreichbar mit dem Flugzeug ab Cairns).
Tel. 070/66 8585, Fax 070/66 8742
15 Baumhäuser, 5 Cabins
Mittlere bis Obere Preisklasse (AE, DC, EC, Visa)

Service

Auskunft

National Parks and Wildlife Service
Hier gibt es **permits** für Campingübernachtungen auf der Insel.
Victoria St., Cardwell
Tel. 070/66 8601, Fax 66 8116
Mo–Fr 8–17, Sa 8–12 Uhr

Schiffsverbindungen

Hinchinbrook Adventures
Ab Cardwell benötigt der Katamaran ca. 35 Minuten bis zur Insel.
Bruce Highway, am Cardwell Jetty
Tel. 070/66 8270
Tgl. 9 Uhr
Fahrpreis 59 A$ hin und zurück

Ingham ■ D5

Mit rührendem Eifer erinnert die kleine Zuckerstadt am Bruce Highway, 113 km nördlich von Townsville, an ihre von italienischen und spanischen Einwanderern beeinflußte Vergangenheit, die sich im mediterranen Baustil einiger Häuser widerspiegelt. Die größte Zuckerraffinerie der südlichen Hemisphäre, die **Victoria Mill**, liegt außerhalb. Während der Erntezeit werden Führungen veranstaltet. Bis zur Küste und zum Hafen **Lucinda** sind es etwa 30 km. Dort werden die Schiffe über einen 5,8 km langen Ausleger mit Rohzucker beladen.

Sehenswertes

Mount Spec National Park
50 km südlich von Ingham führt eine Abzweigung in den Mount Spec National Park. Die steile, kurvenreiche und teilweise enge Bergstraße klettert auf erfrischend kühle 900 m. Mehrere Aussichtspunkte verbindet ein kurzer Wanderpfad, der am **Mc Clelland's Lookout** startet. In dem stillen Bergdorf **Paluma** haben sich einige Kunsthandwerker niedergelassen, denen man bei der Arbeit zusehen kann. Einen Imbiß können Sie im Ivy Cottage (tgl. außer Mo und Fr 10–16 Uhr) an der Hauptstraße einnehmen.

Magnetic Island ■ D5

Die Insel liegt vor der Haustür von Townsville. Alle Arten von Übernachtungsmöglichkeiten finden Sie in den Siedlungen und Strandbuchten. Benannt hat sie **James Cook**, als hier vor der Küste sein Kompaß verrückt spielte und er irrtümlich annahm, schuld wäre eine magnetische Wirkung der Insel. Mehrmals täglich verkehren Katamarane von

Townsville aus (ca. 18 A$ hin und zurück, Anlegestelle am Ross Creek hinter dem Great Barrier Reef Wonderland an der Flinders St. East).

Orpheus Island ■ D5

38 km vor Ingham ist die schmale, 14 qkm große Insel mit weißen Stränden und umliegenden Korallengärten ein Hort der Ruhe. Durch das dicht bewaldete Innere des National Parks führen Wanderwege. Für die zwei Campingplätze ist eine Genehmigung notwendig. Wasserflugzeuge verkehren zweimal am Tag von Townsville aus und benötigen 30 Minuten, von Cairns dauert der Flug eine Stunde.

Unterkunft

Resort
Das einzige Hotel auf der Insel bietet allen erdenklichen Komfort.
Tel. 077/77 7377, Fax 77 7533
31 Zimmer
Luxusklasse (AE, DC, EC, Visa)

Ravenswood ■ D6

Etwa 100 km westlich von Townsville, in Mingela, zweigt vom Flinders Highway die Straße nach Ravenswood ab (40 km), eine einst pulsierende Goldgräbersiedlung, die heute aber eher einer Geisterstadt gleicht. Lediglich die historische Ortsmitte ist noch etwas belebt. In den Kneipen trinken die wenigen verbliebenen Goldsucher ihr Bier, und in **Thorp's Goldfield Tearooms** in der Macrossan Street kann man einen Imbiß zu sich nehmen und Souvenirs sowie Infos über Ravenswood erhalten.

Unterkunft/Essen & Trinken

Cattleman's Rest Motor Inn
Bestes Motel in Charters Towers mit Restaurant.
Ecke Bridge St./Plant St.
Tel. 077/87 3555, Fax 87 4039
58 Zimmer
Untere Preisklasse (AE, DC, EC, Visa)

Das einstige Goldgräbernest Ravenswood ist heute Geisterstadt

Whitsundays heißen die 74 Inseln, an deren Stränden Ferien im Luxusresort ebenso möglich sind wie naturnahe Robinsonaden.

Whitsunday Coast

Die Inselgruppe, nur 60 Kilometer vom Great Barrier Reef entfernt, ist eine Augenweide, ob aus der Luft, vom Deck einer der schnittigen Segelyachten oder von der Kaimauer in **Shute Harbour**, wo die meisten Boote und Fähren zu den Inseln starten.

Egal wo Sie an Land gehen, überall finden Sie feine Sandstrände und herrlich klares, um die 23 °C warmes Wasser vor. Nur sieben Inseln sind touristisch erschlossen und bieten Hotelanlagen sowie andere Unterkünfte. Am lebhaftesten ist Hamilton Island, dessen Flugplatz regelmäßig Urlauber-Jets anfliegen. Der überwiegende Teil der Inselgruppe ist Nationalpark, wo man zwar mit Zelten übernachten darf, aber sowohl Kocher, Verpflegung und manchmal auch Wasser mitbringen muß.

Ein junges Feriengebiet

James Cook endeckte die Inselgruppe am 4. Juni 1770, einen Tag nach **Whit Sunday** (Pfingstsonntag). Doch erst in den 50er Jahren begann der Tourismus auf den Whitsundays. Reginald Ansett, einst Eigner der geichnamigen Fluggesellschaft, baute damals auf **Hayman Island** ein Resort als Winter-Destination für Australier aus kühleren Landesteilen. Die erste Hotelanlage auf Hamilton Island wurde sogar erst 1987 fertig.

Schillernd: Papageien in Shute Harbour

Airlie Beach ■ E 6

In dem quirligen Ferienort auf dem Festland und touristischem Zentrum der Whitsunday Coast herrscht ganzjährig Urlaubstimmung – und das beinahe rund um die Uhr. Morgens heißt es im Yachthafen Leinen los, mittags haben auch die Nachtschwärmer ihr Hotelbett verlassen und erobern den Strand, abends arbeiten die Küchen in den zahlreichen Restaurants auf Hochtouren, und anschließend kommt Leben in die Diskos und Kneipen. Wer dem Trubel entfliehen will, ist auf einer der Inseln sicher besser aufgehoben.

Hotels und andere Unterkünfte

Coral Sea Resort
Das Hotel liegt 500 m vom Ortszentrum entfernt direkt am Wasser (kein Strand). Großer Pool.
25 Ocean View Ave.
Tel. 079/46 6458, Fax 46 6516
25 Zimmer
Mittlere Preisklasse (AE, DC, EC, Visa)

Flame Tree Tourist Village
Schattiger Campingplatz etwas außerhalb von Airlie Beach Richtung Shute Harbour mit zahmen Opossums sowie vielen Fledermäusen.
Shute Harbour Rd.
Tel. 079/46 9388, Fax 46 9501
Untere Preisklasse

Whitsunday Wanderers Resort
Ruhiger, schattiger Platz mitten in Airlie Beach, großzügige Hütten (mit Küche) und Stellplätze für Wohnmobile.
Shute Harbour Rd.
Tel. 079/46 6446, Fax 079/46 6761
125 Hütten
Mittlere Preisklasse (AE, DC, EC, Visa)

Sehen und gesehen werden im quirligen Airlie Beach

Essen und Trinken

Das **Beach Plaza** an der Airlie Esplanade beherbergt die besten Restaurants: die »Brasserie« (Tel. 079/46 7448, Mittlere Preisklasse), »La Perouse Seafood Restaurant« (Tel. 079/46 6262, Mittlere Preisklasse) und »Gringos at Airlie« (Tel. 079/46 5898, Mittlere Preisklasse) sind Empfehlungen.

Am Abend

Für australische Verhältnisse ist das Nachtleben ungewohnt munter. Populäre Treffpunkte an der **Shute Harbour Road** im Zentrum sind »Magnum's« mit einer Freiluft-Tanzfläche sowie »Tricks Nightclub«, »Charley's Bar and Grill« und »The Ballistic Mullet«.

Service

Auskunft

Tourist Information Centre
277 Shute Harbour Rd.
Tel. 079/46 6665, Fax 46 6975
Tgl. 7.30–18 Uhr
Tip: Viele Insel-Resorts bieten sehr preisgünstige Sondertarife an, vor allem, wenn Sie mehrere Tage bleiben wollen.

Queensland National Parks and Wildlife Service
Ecke Shute Harbour Rd./Mandalay Rd.
Tel. 079/46 7022, Fax 46 7023
Mo–Fr 8–17 Uhr
Hier erhalten Sie den **Camping Guide** für den Whitsunday Islands National Park sowie notwendige **permits**.

Tauchen

Mehr als ein halbes Dutzend Veranstalter teilen sich den Markt. **Oceania Dive** mit sehr gutem Schulungszentrum bietet sechstägige Tauchkurse an (545 A$, inklusive Verpflegung auf dem Tauchboot, Tel. 079/46 6032), ebenso **Pro Dive** (Tel. 079/46 6508).

Brampton Island ■ E6

Die 5 qkm große Insel, 32 km von Mackay entfernt, ist Nationalpark, bietet aber zugleich alle Annehmlichkeiten einer komfortablen Hotelanlage. Im Innern führen Wanderwege durch dichten Busch auf den über 200 m hohen **Brampton Peak**, dem die Whitsunday-Inseln zu Füßen liegen. Um die sechs Sandstrände erstrecken sich phantastische Korallengärten.
Überfahrt/Tagesausflüge tgl. 9 Uhr **Roylen Cruises**,
Tel. 079/55 3066, ca. 30 A$).

Hotel

Brampton Island Resort
Zum Resort gehören Tennisplätze, Swimmingpools und Golfplatz.
Tel. 079/51 4499, Fax 51 4097
108 Zimmer
Mittlere bis Obere Preisklasse
(AE, DC, EC, Visa)

Daydream Island ■ E6

Die kleine, mit Kokospalmen und blühenden Gärten auf Südsee getrimmte Insel ist nur 5 km von Shute Harbour entfernt. Boote fahren von dort die Insel dreimal täglich an: um 9, 12.30 und 15 Uhr.

Unterkunft

Daydream Island Travelodge Resort
Das Resort mit Swimmingpool am südlichen Sandstrand gehört zu den ältesten der Inselgruppe, wurde aber aufwendig renoviert.
Tel. 079/48 8488, Fax 48 8499
303 Zimmer
Mittlere bis Obere Preisklasse
(AE, DC, EC, Visa)

Eungella National Park ■ E6

Südlich von Mackay führt der **Peak Downs Highway** durch weite Zuckerrohrfelder und kleine Dörfer 90 km ins Landesinnere zum Eungella National Park (sprich »yungalla«), einem der größten und schönsten Nationalparks in Queensland. Von dem letzten steilen und kurvenreichen Stück zweigt die unbefestigte Straße zum Zeltplatz (**Platypus bushcamp**, Tel. 079/58 3204) in der **Finch Hatton Gorge** ab. Von hier aus führen kurze Wanderpfade zu den 60 m hohen **Dooloomai Falls** und den **Aralnen Falls**, deren Wasser in ein Felsbecken stürzt, in dem man baden kann.

Den naturbelassenen, subtropisch-tropischen Regenwald erschließen zahlreiche Wanderwege. Ausgangspunkt ist das **Visitor Centre** neben dem Campingplatz am Broken River, 6 km südlich der Ortschaft Eungella. Beliebt ist der 8,5 km lange **Broken River Track** zum **Platypus Pool**, wo Sie am frühen Morgen oder am späten Nachmittag gute Chancen haben, eines der scheuen Schnabeltiere zu Gesicht zu bekommen. Die Höhenlagen sind oft wolkenverhangen, nicht umsonst haben die Aborigines das rauhe Bergland Eungella (»Land der Wolken«) genannt.

Hotel

Eungella Chalet
Das Haus liegt mitten in einem Park und hat einen Traumblick über das Pioneer Valley. Die Zimmer der Chalets wurden im skandinavischen Stil eingerichtet.
Tel. 079/58 4509, Fax 58 4503
16 Zimmer
Untere Preisklasse (EC, Visa)

Hamilton Island ■ E6

Die mit Apartment-Blöcken und zwei Hoteltürmen bebaute Insel gefällt erst auf den zweiten Blick. Zum Beispiel abends beim romantischen Dinner an der geschmackvoll gestalteten Hafenpromenade. Hier starten auch die Boote zu allen möglichen Wassersport-Aktivitäten, für die Hamilton bekannt ist. Insbesondere Taucher finden gute Bedingungen vor. Die hügelige Insel gilt als touristisches Herz der Whitsundays, nicht zuletzt wegen des großen Flugplatzes, auf dem auch Besucher der anderen Inseln ankommen und mit Booten weiterbefördert werden. 2000 Übernachtungsgäste können wählen zwischen Luxuszimmern, Selbstversorger-Apartments, Ferienhäusern und preiswerten Familienunterkünften (häufig sehr günstige Sondertarife!). Ein Einkaufstip ist **Footart Works** am Ende der Hafenpromenade mit originellen Bronze-Plastiken. Ein Katamaran fährt die Insel zweimal täglich an: 9 und 15.15 Uhr, Fahrzeit: 30 Minuten. Flugzeuge verkehren von Sydney, Brisbane, Melbourne, Cairns sowie kleine Maschinen von Mackay, Proserpine und Shute Harbour.

Hotel

Holiday Inn Crowne Plaza Resort
Das Holiday Inn managt die beiden Hoteltürme mit geräumigen Zimmern (teils mit Küche) und einigen Apartments.
Tel. 079/46 9999, Fax 46 8888
400 Zimmer
Mittlere bis Obere Preisklasse
(AE, DC, EC, Visa)

Hayman Island ■ E6

Das Resort der absoluten Luxusklasse muß man sich leisten können. Dann stört vermutlich auch nicht, daß männliche Gäste das eleganteste der insgesamt sechs Spitzenrestaurants nur mit Sakko betreten dürfen. Ob das delikate Frühstücksbuffet, der aufmerksame Service,

Eungella National Park: Hier werden Fässer um die Wette gerollt

die Swimmingpool-Landschaften oder die geschmackvollen Zimmer – alles ist vom Feinsten. Der Luxus beginnt mit der Anreise von Hamilton Airport auf schnittigen resorteigenen Motoryachten, wo zur Begrüßung an Deck ein Glas Champagner serviert wird (Tel. 079/46 9100, Fax 46 9410, 214 Zimmer, Obere Preisklasse bis Luxusklasse, AE, DC, EC, Visa).

Hook Island ■ E 6

Die bergige, mit 53 qkm zweitgrößte Insel der Whitsundays ist größtenteils Nationalpark. Am **Curlew Beach** liegt ein Campingplatz. Im fjordähnlichen **Nara Inlet** gehen ab und an Kreuzfahrtschiffe vor Anker. Ein Unterwasser-Observatorium erlaubt Besuchern, trockenen Fußes Korallengärten zu betrachten. Zubringerboote verkehren unregelmäßig, Tagesausflüge werden ab Shute Harbour angeboten.

Unterkunft

Hook Island Wilderness Lodge
Im Nordosten gelegene, preiswerte Unterkunft, die bei Rucksacktouristen beliebt ist.
Tel. 079/46 9380, Fax 46 9580
12 Zimmer
Untere Preisklasse (EC, Visa)

Lindeman Island ■ E 6

Die weitgehend naturbelassene, 8 qkm große Insel beherbergt Australiens ersten Club Med. Kurze Wanderwege führen zu einsamen Badebuchten oder zum über 200 m hohen **Mount Oldfield**, der einen weiten Ausblick auf die anderen Inseln bietet. Nur Club-Gäste können übernachten, Tagesausflügler erreichen die Insel mit dem Boot von Hamilton Airport aus, unregelmäßige Abfahrtszeiten (Tel. 079/46 9333, Fax 46 9598, 224 Zimmer, Mittlere bis Obere Preisklasse, Alles-inklusive-Preis, AE, DC, EC, Visa).

Long Island ■ E 6

Insgesamt 13 km Wanderwege erschließen die Insel. Drei Resorts liegen an geschützen Badeständen an der Westseite: Das **Palm Bay Hideway** (Tel./Fax 079/46 9233, Mittlere Preisklasse, AE, DC, EC, Visa) bietet 14 rustikale, aber geschmackvolle Selbstversorger-Hütten im Schatten von Palmen. Im **Long Island Resort** kommt man preiswerter unter (Tel. 079/46 9400, Fax 46 9555, 156 Zimmer, Mittlere bis Obere Preisklasse, AE, DC, EC, Visa) und im **Paradise Bay** ist das »Robinson-Erlebnis« am schönsten (Tel./Fax 079/46 9777, 8 Cabins, Mittlere bis Obere Preisklasse, AE, DC, EC, Visa).

Mackay ■ E 6

In der »Zucker-Hauptstadt Australiens« produzieren fünf Mühlen etwa ein Drittel des gesamten Zuckeraufkommens des Landes. Während der Erntezeit (zwischen Juli und November) hängen Rauchschwaden über den umliegenden Zuckerrohrfeldern, die Autofahrern auch schon mal die Sicht nehmen können. Die Feuer werden gelegt, um das Zuckerohr vor der Ernte von lästigem Stroh zu befreien und Schlangen, Ratten und andere Plagegeister zu vertreiben. Der künstlich angelegte **Mackay Harbour** im Norden der Stadt ist eines der größter Zucker-Verlade-Terminals weltweit. Am **Hay Point** im Süden werden dagegen die in Central Queensland um Blackwater geförderten Kohlemengen verschifft. Ein weiteres wirtschaftliches Standbein ist die Rinderzucht.

Doch damit nicht genug: Mackay verdient auch zunehmend am Tourismus, indem Tagesausflüge zum **Great Barrier Riff**, auf die **Whitsundays** und nach **Brampton Island** angeboten werden (**RoylenCruises**, Tel. 079/55 3066).

Der breite, goldene **Sarina Beach** im Südosten (13 km östlich von Sarina) hat nur einen Nachteil: Das Wasser wird im Sommer in großen Mengen von **stingers**, gefährlichen Quallen, heimgesucht.

Hotels und andere Unterkünfte

The Beach Caravan Park
Schattiger Platz direkt am Strand und in Stadtnähe.
Petrie St. (über Bridge Rd.)
Tel. 079/57 4021, Fax 51 4551
Untere Preisklasse

Ko Huna Beach Resort
Südsee-Atmosphäre am Strand von Mackay. Großzügige **bures** (Hütten), teilweise mit Küche.
Bucasia Beach
Tel. 079/54 8555, Fax 54 6080
60 Hütten
Mittlere Preisklasse (AE, DC, EC, Visa)

Sehenswertes

The Prawn Hatchery
In den tropischen Gewässern fühlen sich Schalentiere wie Garnelen (**prawns**) wohl. Die Farm züchtet besonders große Exemplare. Den wissenschaftlichen Hintergrund erklärt ein Meeresbiologe.
Grasstree Beach Rd.,
Grasstree Beach
Tgl. 8–18 Uhr
Eintritt 5 A$

Proserpine ■ E6

Die meisten, die auf dem Landweg Airlie Beach und die Whitsundays ansteuern, zweigen in der Kleinstadt vom Bruce Highway ab. Zwischen Juli und November kann die **Sugar Mill** (Zuckermühle) besichtigt werden (Führungen Mo–Fr 11 und 14 Uhr, Tel. 079/46 6446, 8 A$).

Shute Harbour ■ E6

Hauptaufgabe des Hafens, 8 km östlich von Airlie Beach, ist es, die Bootsverbindungen mit den Whitsundays aufrechtzuerhalten. Hier starten Tagesausflüge auf einsame Inseln, mehrtägige Segeltörns, **water taxis**, die Fähre nach Hamilton Island und Ausflugsboote zum Great Barrier Reef.

Hotel

Coral Point Lodge
Oberhalb der Bucht gelegen mit »Million Dollar View«. Ein Restaurant ist angeschlossen, die Zimmer haben Standard-Ausstattung.
Harbour Ave.
Tel. 079/46 9500, Fax 46 9469
10 Zimmer
Untere bis Mittlere Preisklasse (AE, DC, EC, Visa)

Service

Auskunft

Shute Harbour Ticket Office
Hier bekommen Sie günstige Sonderangebote für Trips zu den Inseln. Autos können bewacht in Shute Harbour abgestellt werden (ca. 10 A$ für 24 Stunden).
Am Jetty
Tel. 079/46 9800
Tgl. 8–18 Uhr

Segeln
Für ca. 2300 A$ (fünf Tage) können Sie sich eine 10-Meter-Yacht oder ein Motorboot mieten und selbst durch die Inselwelt kreuzen (**Rent-a-Yacht**, Bay Terrace, Tel. 079/46 9232 oder **Sail Whitsunday**, Airlie Beach, Abel Point Marina, Tel. 079/46 7070). Für Tagesausflüge ideal ist die »**Gretel**«, 1961 Australiens erstes Teilnehmerschiff am bekannten »America's Cup«. Die »Gretel« ist schnell, aber die Besatzung war ziemlich unerfahren und verlor das Rennen (Tel. 079/46 6224, tgl. 9 Uhr, ca. 50 A$).

South Molle Island ■ E 6

Die populäre Ferieninsel liegt Shute Harbour am nächsten. Trotz der Ferienanlage und zahlreicher Tagesausflügler fällt es auf den insgesamt 13 km Sandstrand nicht schwer, ein einsames Plätzchen zu finden. Tagelang kann man durch die Hügellandschaft wandern, zum Beispiel zu den Aussichtspunkten auf dem Mount Joffrey und Spion Knop.

Unterkunft

South Molle Island Resort
Zu dem komfortablen Resort gehören Swimmingpool, Golfplatz und ein reichhaltiges Angebot an Wassersportmöglichkeiten. Mehrmals täglich fahren Wassertaxis zur Insel.
Tel. 079/46 9433, Fax 46 9580
202 Zimmer
Mittlere bis Obere Preisklasse
(AE, DC, EC, Visa)

Whitsunday Island ■ E 6

Die mit 109 qkm größte Insel der Gruppe ist berühmt wegen des feinen, 6 km langen **Whitehaven Beach** an der Südost-Seite und das Ziel vieler Ausflugsboote und Kreuzfahrten. In Strandnähe liegt einer der einfachen Campingplätze des Nationalparks, ein Resort gibt es nicht. Tagesausflüge starten in Shute Harbour und Airlie Beach.

Shute Harbour: Von hier aus kann man die Inselwelt der Whitsundays erkunden

Die Entfernungen in Queensland sollten Sie mit Respekt angehen. Doch keine Angst: Die Wege ebnen Ihnen Eisenbahngleise und asphaltierte Straßen.

Wo sonst können Sie in Tagesetappen zwischen Tropen und Subtropen, Regenwald und Trokkensavanne, Küstenebene und Hochland sowie zwischen belebten Ferienorten und stillen Outback-Siedlungen unterwegs sein? Der zweitgrößte Bundesstaat Australiens bietet aber auch ausreichend Fläche für mehrtägige Touren. Unternehmen Sie Ausflüge ins dünn besiedelte **Outback** nur gut vorbereitet und mit entsprechender Ausrüstung, bei der Wasser- und Nahrungsvorräte für den Fall einer Autopanne abseits der Hauptstrecken nicht fehlen sollten.

Tip: Sie mieten sich zum Beispiel in Cairns ein Allradfahrzeug und schließen sich einer geführten Tour durch das Outback an, inklusive Verpflegung und Zeltausrüstung. Information: Ted Mew, Fax 070/91 2545). Bei Wanderungen und Bootsfahrten sind Sonnenschutzmittel sowie eine Kopfbedeckung unverzichtbar.

Mehr über die erwähnten Orte erfahren Sie im Kapitel »Sehenswerte Orte und Ausflugsziele«.

Eine Schiffstour – wie hier nach Fraser Island – ist in Queensland unverzichtbar

Matilda Highway von Karumba nach Charleville

Der Matilda Highway führt Sie 1416 lange Kilometer von Karumba bis Charleville durch das **Outback** von Queensland. Den im Norden stellenweise einspurigen Asphaltstreifen müssen Sie sich mit entgegenkommenden **road trains** teilen. Die Fahrer der bis zu 50 Meter langen und bis zu 100 Tonnen schweren Lastwagen treten nur im Notfall auf die Bremse. Was für Sie bedeutet: frühzeitig und vorsichtig auf den unbefestigten Randstreifen ausweichen und anhalten, sonst hält die Windschutzscheibe dem Kugelhagel der aufgewirbelten Steine nicht stand.

Wenige Menschen, aber viele Tiere leben im Outback

Seien Sie vor allem am späten Nachmittag und nachts auf Wildwechsel gefaßt. Aber nicht nur Känguruhs und Emus können Ihnen in die Quere kommen, auch Rinder und Schafe laufen von ihren nicht eingezäunten Weiden unvermittelt auf die Straße.

Die Tankstellen am Highway sind in solchen Entfernungen voneinander plaziert, daß Sie ohne Reservekanister auskommen – vorausgesetzt, Sie unternehmen keine langen Abstecher in die Einöde.

Achten Sie auf die Matilda-Highway-Schilder am Straßenrand. Denn der darauf abgebildete **swagman** weist auf Sehenswürdigkeiten hin.

Ihre Fahrt beginnt in **Karumba** am **Gulf of Carpentaria**, wo in den fünfziger Jahren die Flugboote von Sydney nach England einen Stopp einlegten. Von nun an sehen Sie die Sonne ab Mittag eher im Rückspiegel, was die Fahrt angenehmer macht. 70 Kilometer sind es bis **Normanton**, südlich der Stadt führt die Fahrt durch eine weite, ebene Graslandschaft. Nach 60 Kilometern können Sie gefährlichen Krokodilen in dem träge dahinfließenden **Flinders River** Adieu sagen. Denn weiter südlich begegnen Ihnen keine **salties** mehr.

Am **Bang Bang Jump Up**, der Wasserscheide zu der Savannen-Tiefebene im Norden, steigt die Straße plötzlich leicht an. Das bedeutet nach 160 Kilometern plattem Grasland etwas Abwechslung. Auf der folgenden Hochebene beherrschen mehr und mehr Bäume die Vegetation, dazwischen unzählige Termitenhügel. Die erste Tankmöglichkeit bietet sich nach 270 Kilometern am **Burke and Wills Roadhouse** (Restaurant, Zeltplatz und einige einfache Zimmer). Lassen Sie sich von den um Futter bettelnden Emus nicht abhalten, das Auto zu verlassen, um nach »Fourex« zu fragen. Das Pferd gleichen Namens wurde mit Milch aus **stubbies** (Bierflaschen) großgezogen und ist heute noch hinter jeder Bierflasche her – auch, wenn sie tatsächlich Bier der Marke XXXX enthält.

Waltzing Matilda

Freuen Sie sich über die Klimaanlage Ihres Autos: Draußen herrschen sicherlich wieder um die 35 Grad. Es scheint unglaublich, daß hier im Winter die Temperaturen nachts auf 0 Grad sinken können – dann plagen einen allerdings auch keine lästigen Fliegen. Folgen Sie dem Matilda Highway Richtung Cloncurry. Langsam nähern Sie sich dem Inneren der Outbacks, wo die »Waltzing Matilda«, Volkslied und inoffizielle Nationalhymne, entstand.

377 Kilometer südlich von Normanton können Sie einen Abstecher zur Minen-Stadt **Mount Isa** machen. Hin und zurück sind es 234 Kilometer auf dem **Flinders Highway**. Der Matilda Highway bringt Sie nach **Cloncurry**, wo am Ortseingang ein Schild besagt, worauf die Einwohner stolz sind: »Birthplace of the Royal Flying Doctor Service«. Nach 484 Kilometer passieren Sie **McKinlay** mit dem fast schon berühmten **Walkabout Creek Hotel**, Drehort für den Film »Crocodile Dundee«.

75 Kilometer weiter steht in **Kynuna** das nächste urige Rasthaus: Am »Blue Heeler«, benannt nach einer Hunderasse, machen die Fahrer der **road trains** auf ihrem Weg von Brisbane nach Darwin bevorzugt Halt. Etwa acht Kilometer hinter Kynuna ist die acht Kilometer lange Abzweigung zum **Combo Waterhole** ausgeschildert (auch ohne Allrad-Antrieb befahrbar). Der Tümpel hat Banjo Paterson zu den Versen der »Waltzing Matilda« inspiriert. 154 Kilometer sind es jetzt noch bis **Winton**, wo das Lied erstmals vor Publikum aufgeführt wurde.

Letzte Etappe: von Longreach bis Charleville

Bei der Einfahrt in **Longreach** haben Sie immerhin 901 Kilometer auf dem Matilda Highway zurückgelegt. 25 Kilometer hinter der Kleinstadt **Stockman's Hall of Fame** führt Sie das Straßendorf **Ilfracombe** mit seinem Folk Museum entlang des Highway noch einmal in die Vergangenheit des Outback. Machen Sie Rast im **Wellshot Hotel**, und achten Sie auf die mit Geldscheinen »verzierte« Decke des Schankraums.

Von hier aus sind es 80 Kilometer bis **Barcaldine**, als »Birthplace of the ALP« untrennbar verbunden mit der Australien Labor Party. Auf den weiteren 106 Kilometer bis **Blackall** wird die Vegetation üppiger, die drückende Hitze läßt allmählich nach.

Weiter Richtung Charleville nimmt schließlich der Verkehr etwas zu. 224 Kilometer hinter Blackall zweigt nach links der **Landsborough Highway** Richtung **Brisbane** (740 Kilometer) ab. Nach 80 Kilometern geradeaus erreichen Sie **Charleville**. Von hier aus sind es ebenfalls 740 Kilometer bis Brisbane.

Dauer: ca. 6 Tage
Karte: → Umschlagklappe vorne und hinten

Vom Daintree River bis Cooktown

Ca. 100 Kilometer nördlich von Cairns, im tropischen Norden von Queensland, führt die Tour dicht an der Pazifikküste entlang und mitten durch den dichten Regenwald des **Cape Tribulation National Park.** Doch keine Bange: Sie dringen nicht in menschenleere Wildnis vor, sondern bleiben in einer touristisch gut erschlossenen Region, in der Sie bei einer Autopanne schnell mit Hilfe rechnen können. Bis zum **Cape Tribulation** schaffen Sie es ohne Mühe sogar mit einem konventionellen Fahrzeug. Doch anschließend kommen Sie nur noch mit Vierradantrieb weiter, vor allem nach heftigen Niederschlägen. Während der Regenzeit kann der Abschnitt zwischen Cape Tribulation und Cooktown streckenweise unpassierbar werden (Infos über die Visitor Information in Cairns). Nehmen Sie auf jeden Fall einen kleinen Wasservorrat und Insektenschutzmittel mit. Die Mücken im Regenwald sind ganz besonders blutrünstig.

144 Kilometer mißt die Strekke entlang der Küste bis Cooktown und ist mit Aufenthalten bequem in zwei Tagen zu schaffen. Für den Rückweg sollten Sie die Inland-Route über die **Peninsula Developmental Road** wählen. Mit 268 Kilometern bis Mareeba (331 Kilometer bis Cairns) ist die Strecke zwar länger, jedoch besser ausgebaut und deshalb schneller zu bewältigen. Rechnen Sie einen Tag für den Rückweg.

Mit der rustikalen Fähre gelangen Sie und Ihr Fahrzeug über den **Daintree River**, in dessen ruhigem Wasser die Salzwasser-Krokodile nur auf ein Kentern zu warten scheinen. Am anderen Ufer empfängt Sie eine geebnete Teerstraße. Dennoch befinden Sie sich mitten im Dickicht des tropischen Regenwaldes, wo grünes Blättergewirr rechts und links keinen Durchblick zuläßt. Auf der Hauptroute folgt nach acht Kilometern der **Alexandra Lookout** mit eindrucksvollen Ausblicken auf den Pazifik und den Daintree River. Vor der zweiten Abzweigung Richtung Küste, vorbei an der Jugendherberge **Croc Village** zur **Cow Bay**, können Sie sich im **Daintree Rainforest Information Centre** über den tropischen Regenwald Australiens sachkundig machen.

Urwald für Jedermann

Am Straßenrand zeugen Hotels, Campingplätze, Imbißbuden und Kneipen von der touristischen Erschließung des Regenwaldgebietes. 31 Kilometer hinter dem Daintree River haben Sie auf dem **Marrdja Botanical Walk** erneut die Möglichkeit, mehr über die Vegetation des Regenwaldes zu erfahren.

Nur vier Kilometer weiter lohnen auf der rechten Seite das Restaurant, der Swimmingpool und der feine Sandstrand des **Coconut Beach Resort** eine Rast (auch für Nicht-Hausgäste). Drei

Kilometer weiter erreichen Sie eine kleine Siedlung mit einem Imbiß und einer Unterkunft für Rucksacktouristen. Schräg gegenüber liegt das **Bat House**, ein Informationszentrum, das sich den gefährdeten Fledermäusen widmet. Von hier aus sind es laut Richtungsschildern 882 Kilometer bis zum **Cape York**, 154 Kilometer bis **Cairns** und 106 Kilometer bis **Cooktown**. Die Teerstraße endet nach drei Kilometern am **Cape Tribulation**. Fünf Minuten geht man vom Parkplatz zur Aussichtsplattform. Hier lief im Juni 1770 Cooks Schiff, die »**Endeavour**«, vor der Küste auf ein Riff, reparieren konnte er es erst in der geschützten Flußmündung weiter nördlich.

Der wilde Abschnitt der Route

Ab **Cape Tribulation** erfüllt der Wagen mit Allradantrieb seinen Zweck, vor allem auf Steilstükken, die sich bei Regen schnell in schlammige Rutschbahnen verwandeln. Bei trockenem Wetter wirbeln die Reifen reichlich Staub auf, der den Regenwald rechts und links der Straße weniger grün erscheinen läßt. Die ersten Flußdurchfahrten sind außerhalb der Regenzeit harmlos. 52 Kilometer hinter dem Daintree River klettert die Piste über die **Cowie Range**. Nur langsam geht es den steilen Hang hinauf, so daß bei starkem Rückenwind das Fahrzeug von der eigenen Staubwolke überholt wird. Von der Höhe eröffnen sich reizvolle Ausblicke auf die Küste.

Auf dem weiteren Weg zum **Bloomfield River** entfernt sich die Straße von der Küste. Eine Trasse hat den nur drei Kilometer entfernt ins Meer mündenden Fluß inzwischen auch bei Flut passierbar gemacht.

Siedlungen in Sicht

Am anderen Flußufer, 68 Kilometer hinter dem Daintree River, lassen Sie den Cape Tribulation National Park hinter sich. Erste Siedlungen (mit Tankstelle) liegen am Wegesrand, u.a. das Aborigine-Dorf **Wujal Wujal**, das Sie nur im Notfall oder wenn der Tank leer ist, durchfahren sollten (sonst die Umgehungsstraße benutzen). Bei Kilometerstand 104 passieren Sie die kleine Ansiedlung von **Rossville**, in der jeden zweiten Samstag im Monat ein bunter Markt stattfindet. Die nächste Kneipe am linken Straßenrand ist einen Stopp wert: In dem rustikalen Schankraum von **Lions Den Hotel** begegnen Sie rauhen Typen beim Bier und wilden Kleintieren, in Alkohol eingelegt. Die schwarzen Hügel sieben Kilometer weiter muten an wie Kohlenhalden. Doch die **Black Mountains** sind aus Granit. 117 Kilometer hinter dem Daintree River zweigt die Inland-Route, die **Peninsula Developmental Road**, ab. Ihr folgen Sie nach Süden. Bis Cooktown sind es jetzt noch 28 Kilometer – auf geteerter Straße.

Dauer: ca. 3 Tage
Karte: → S. 111

Von Port Douglas zum Outer Great Barrier Reef

Vergessen Sie bei dem Tagesausflug nicht, Badezeug, wasserfestes Sonnenschutzmittel und eine Kopfbedeckung mitzunehmen. Die Sonneneinstrahlung auf See führt schnell zu Verbrennungen, auch bei bewölktem Himmel. Im Wasser sollten Sie Ihre Haut zusätzlich durch ein T-Shirt schützen.

Die Schnorchelausrüstung erhalten Sie kostenlos an Bord.

Das in Port Douglas ansässige Unternehmen **Quicksilver** schickt täglich zwei silberglänzende Katamarane zu zwei weit auseinanderliegenden Plattformen am Great Barrier Reef. **Wavepiercer** (Wellenschneider) heißen die 45 Meter langen

Schiffe, die selbst bei heftigem Wind und rauher See verhältnismäßig stabil im Wasser liegen. Wenn Sie jedoch leicht seekrank werden, sollten Sie ruhig vor der Abfahrt das an Bord verteilte pflanzliche Mittel gegen Reisekrankheit schlucken.

Sichern Sie sich bei schönem Wetter einen Sitzplatz auf dem Sonnendeck, wo Sie die reizvolle Regenwaldküste in ihrer ganzen Farbenpracht im Blick haben. Wenn der Katamaran erst richtig Fahrt aufgenommen hat, suchen die meisten Schutz in den klimatisierten Kabinen der zwei unteren Decks.

Kurs auf das Outer Reef

Pünklich um 10 Uhr heißt es Leinen los an der **Marina Mirage** von **Port Douglas**. Dann gleitet der imposante Katamaran mit maximal 400 Passagieren sanft aus dem kleinen Hafen hinaus, bis er, volle Kraft voraus, mit 35 Knoten Kurs auf das **Outer Reef**, den äußeren Rand des Great Barrier Reef, nimmt. Nach zehn Minuten Fahrt passieren Sie die dicht bewaldete Mündungsbucht von **Mossman** und **Daintree River**, nach weiteren 25 Minuten können Sie linker Hand **Snapper Island** sehen und anschließend, auf der rechten Seite, die kleine Koralleninsel **Undine Cay**, die den inneren Rand des Great Barrier Reef markiert. Doch die meisten Kameras richten sich auf den anderen auslaufenden Wavepiercer, der als Fotomotiv gerade recht kommt.

Das achte Weltwunder

30 Minuten nach der Abfahrt beginnt der Meeresbiologe mit seinem Dia-Vortrag über das Great Barrier Reef. Achtes Weltwunder nennen es die einen, größtes von Lebewesen geschaffenes Bauwerk die anderen. Keiner entgeht der Faszination dieser farbenprächtigen, über 2300 Kilometer langen Unterwasserwelt, gebildet von unzähligen Korallen, die zur Tiergattung der Polypen gehören. Nur lebend verleihen sie ihren Kalksteingehäusen die unglaubliche Farbenpracht. Wissenschaftler schätzen die Zahl der Tierarten im Riff auf fast 400 000.

Abgestorbene Korallen lassen weiße Gebilde zurück, die auf dem Meeresboden im Laufe der Zeit zu gewaltigen Korallenstöcken angewachsen sind. Diese türmen sich im nährstoffreichen, etwa 25 Grad warmen Wasser immer höher auf, falls der jeweilige Riff-Bereich nicht vom Dornenkronenseestern (**crown of thorns starfish**) befallen wird. Das stachelige Meerestier kann pro Tag 450 Quadratzentimeter Korallengarten leerfressen. Wenn auf einem Quadratkilometer 10 000 Dornenkronenseesterne wüten, gibt es für diese Korallen keine Rettung mehr. Nur einmal im Jahr pflanzen sich die kleinen Korallen-Polypen fort. Nach der Vollmondnacht im Oktober stoßen sie Unmengen von Eizellen und Samen aus, die gleich einem Schneegestöber über das Riff treiben – ein unvergeßliches Erlebnis für Taucher.

Am Agincourt Reef

So heißt der Bereich am äußeren Rand des Great Barrier Reef, an dem Quicksilver, 70 Kilometer von Port Douglas entfernt, seine großen schwimmenden Metallplattformen installiert hat. Hier legt der Wavepiercer nach 90minütiger Fahrt an. Wer unsicher beim Schnorcheln ist, sollte sich an Bord die Instruktionen anhören. Ansonsten können Sie sich sofort in die warmen Fluten oberhalb des bunten Korallengartens stürzen und mitten durch schillernde Fischschwärme schnorcheln.

Die meisten Riff-Bewohner sind harmlos. Giftigen Arten, wie Muränen, Manta-Rochen, Steinfischen, und Pfeile abschießenden Kegelschnecken kommen allenfalls Taucher näher.

Falls Sie sich irgendwelche Kratzer am Riff holen, sollten Sie die wegen der Infektionsgefahr sofort an Bord behandeln lassen. Dort stillt bis 13.30 Uhr ein gutbestücktes Lunch-Buffet den Hunger der Passagiere, gefolgt von Kaffee und Tee. Satt werden auch alle, die an den mit Aufpreis belegten Aktivitäten teilnehmen (bereits während der Fahrt zum Riff vorbuchen): Scuba Diving für Anfänger und Fortgeschrittene inklusive Ausrüstung (80 A$), Helikopter-Rundflüge (75 A$), geführte Schorcheltouren (25 A$). Kostenlos sind die Fahrt mit dem Unterwasser-Boot (**semi sub boat**) und der Abstieg in das Unterwasser-Observatorium. Tip: Schicken Sie eine Postkarte von Agincourt Reef, ein Briefkasten steht zur Verfügung – und der Poststempel hat Seltenheitswert!

Rückfahrt an den Low Isles vorbei

Nachdem gezählt wurde, ob alle Passagiere wieder an Bord sind, legt der Katamaran um ca. 15 Uhr ab, um die Rückfahrt anzutreten. Sie kommen vorbei an mehreren kleinen und großen Riffen. Die beiden kleinen Inseln linker Hand heißen **Low Isles**. Auf der größeren ist seit 100 Jahren ein Leuchtturm in Betrieb, auf der kleineren wohnt der Leuchtturmwärter mit seiner Familie. Kurz vor Port Douglas werden Sie auch den zweiten heimkehrenden Wavepiercer zu Gesicht bzw. vor die Kamera bekommen.

Gegen 16.30 Uhr haben Sie an der **Marina Mirage** wieder festen Boden unter den Füßen – und noch etwas Zeit, durch die Läden des überdachten Einkaufszentrums am Hafen zu schlendern.

Information:
Quicksilver
Marina Mirage
Port Douglas
Tel. 070/99 5500, Fax 99 5525
(Reservierung)
Tagesausflug inklusive Lunch ca. 125 A$, ab Cairns mit Bustransfer ca. 130 A$
Dauer: ca. 6,5 Stunden
Karte: → S. 111

Im Queenslander von Brisbane nach Cairns

Die Fahrt mit dem komfortablen Queenslander gehört sicherlich zu den bequemsten Arten, durch den Bundesstaat zu reisen. Zwar gelangen Sie per Flugzeug allemal schneller von Brisbane nach Cairns, aber es ist weit erholsamer, auf weichen Polstern im klimatisierten Abteil zu sitzen, einen kühlen Drink serviert zu bekommen und durch getönte Fensterscheiben subtropische und tropische Landschaften an sich vorbeiziehen zu lassen. Die Schienenstrecke verläuft unweit der Küste, meist parallel zum Bruce Highway, den der Zug mehrfach kreuzt.

Im Zug stehen verschiedene Abteile zur Auswahl: Sie können wählen zwischen **roomette** mit einem Sitzplatz bzw. Bett und **twinette** mit zwei Sitzen nebeneinander bzw. zwei Betten übereinander. Alles ist in Pastellfarben gehalten und ausgestattet mit Waschbecken, Kleiderschrank und Musikanlage. Duschen und Toiletten befinden sich am Ende der Wagen. Ihren Mietwagen können Sie auf den hinteren Waggons mitführen.

Abfahrt in Brisbane

Der Queenslander startet Sonntag morgens (10 Uhr ab Februar, 10.30 ab Juni) im Bahnhof von Brisbane an der **Roma Street**. Spätestens eine halbe Stunde vorher müssen Sie am Schalter sein. Pro Person dürfen Sie zwei Gepäckstücke, die insgesamt nicht schwerer als 25 Kilogramm sein dürfen, und ein Handgepäckstück mitnehmen. 1681 Kilometer sind es bis Cairns im Norden. Richten Sie sich häuslich ein in Ihrem Abteil, das für knapp eineinhalb Tage bzw. 32 Stunden Ihr Quartier sein wird, und genießen Sie beim Verlassen von Brisbane die Ausblicke durch das Panoramafenster.

Gaumenfreuden im Zug

Den ersten kurzen Stopp von insgesamt 16 bis Cairns legt der Zug nach ca. 45 Minuten in **Caboolture** ein. Hier können Passagiere zu-, aber nicht aussteigen. Denn die Fahrt kann nur inklusive Übernachtung gebucht werden. Die früheste Möglichkeit, den Zug zu verlassen, hat man folglich beim Stopp in **Mackay** am Montagmorgen. Doch wer denkt schon ans Aussteigen, wenn mittags die Einladung zum Lunch im **Coral Cay Restaurant** erfolgt. Was gemeinhin als Speisewagen bezeichnet wird, ist im Queenslander mit Tischdecken, Polstersitzen und Vorhängen eine ganze Spur eleganter ausgefallen. Auch die Küche hat Restaurant-Niveau. Serviert werden schmackhafte, aus frischen Zutaten zubereitete Menüs. Besonders delikat sind die Meeresfrüchte-Platten, dazu ein trockener Weißwein aus der gut sortierten Weinkarte. Anschließend können Sie Ihren

Kaffee in der **Canecutter's Bar** (canecutter=Zuckerrohr-Erntehelfer) mit Blick auf die vorbeiziehende Landschaft einnehmen. Es ist bereits Nachmittag, wenn Sie die scheinbar endlosen Zukkerrohrfelder zwischen **Bundaberg** und **Gladstone** durchfahren. Und bald wird es wieder Zeit, das Coral Cay Restaurant aufzusuchen – diesmal zum Dinner, das geradezu festlich aufgetischt wird.

Ausschlafen zwischen Rockhampton und Bowen

Während des 25minütigen Stopps in Rockhampton haben Sie Gelegenheit, kurz den Zug zu verlassen, um eine Zeitung zu kaufen oder einfach nur in der Abendluft auf dem Bahnsteig umherzuwandeln. Während der Weiterfahrt bietet die **Daintree Lounge** ein stilvolles Ambiente für einen Cocktail bzw. einen Schlaftrunk. Hier kommen Sie auch garantiert mit anderen Reisenden ins Gespräch. Bevor Ihnen die Augen zufallen, hat das Zugpersonal bereits Ihr Bett gerichtet. Keine Angst vor einer schlaflosen Nacht auf ratternden Gleisen: Der moderne Queenslander gleitet fast lautlos durch die Landschaft.

Ein tropischer Morgen

Der Montag begrüßt Sie mit üppiger tropischer Vegetation entlang der Bahnstrecke. Geweckt werden Sie mit einer Tasse heißen **morning tea**, bevor das kräftige Frühsück serviert wird.

Klare Aussagen...

Langen Sie nicht zu sehr zu, denn vor Cairns will noch das Mittagsmenü verspeist werden, das traditionsgemäß am Ankunftstag immer besonders köstlich ausfällt. Planmäßig um 9.15 Uhr hält der Zug für 30 Minuten in **Townsville**. Anschließend haben Sie genug Muße, die tropische Landschaft vom angenehm temperierten Platz Ihres Abteils zu betrachten. Denn die Fahrt bis Cairns dauert noch siebeneinhalb Stunden (planmäßige Ankunft: 17.15 Uhr, im Sommerfahrplan: 16 Uhr).

Länge: 1681 Kilometer
Dauer: ca. 32 Stunden
Kosten: ca. 500 A$ pro Person
Info: Queensland Rail,
Tel. 07/3235 1323, Fax 3235 2940
Karte: → Umschlagklappe vorne und hinten

Auskunft

Brits: Australia
Informationen über günstige Eisenbahnpässe, Autoverleih etc.
Plinganserstr. 12
81369 München
Tel. 0 89/7 47 04 29, Fax 7 25 45 16

Queensland Tourist and Travel Corporation
Hier erhalten Sie ausführliche Infos über Queensland und das Great Barrier Reef, außerdem eine interessante Broschüre mit Veranstaltern, die sich auf speziellen Touren eingehend mit der Kultur der Aborigines beschäftigen (»A Guide to Experiencing Aboriginal and Torres Strait Islander Culture«). Weitere Adressen (→ Sehenswerte Orte und Ausflugsziele, Brisbane, Service, S. 36).
Neuhauser Str. 27 (4. Stock)
80331 München
Tel. 0 89/23 17 71 77, Fax 2 60 35 30

Bevölkerung

Von den über 18 Mio. Einwohnern Australiens leben 3,2 Mio. in Queensland. 85 % sind britischer oder irischer Abstammung, nur noch 1,5 % der Bevölkerung (ca. 270 000) sind Aborigines. Die Katholiken bilden die größte Glaubensgemeinschaft in Australien, gefolgt von den Anglikanern.

Diplomatische Vertretungen

In Deutschland:
Australische Botschaft
Godesberger Allee 105–107
53175 Bonn
Tel. 02 28/81 03-0, Fax 37 30 45

In Österreich:
Australische Botschaft
Mattiellistr. 2–4
1040 Wien
Tel. 01/5 10 85 80, Fax 5 13 29 08

Der Wochenmarkt in Maryborough wird musikalisch untermalt

In der Schweiz:
Australische Botschaft
Alpenstr. 29
3006 Bern
Tel. 031/3500143, Fax 3501234

In Australien:
Deutsche Botschaft
119 Empire Circuit
Canberra (Yarralumla)
Tel. 06/2701911, Fax 2701951

Deutsches Konsulat
10 Eagle St. (32nd floor AMP Place)
Brisbane
Tel. 07/32207819, Fax 3209767

Österreichische Botschaft
12 Talbot St.
Canberra (Forrest)
Tel. 06/2951533, Fax 2936751

Österreichisches Konsulat
30 Argyle St. (Breakfast Creek)
Albion
Brisbane
Tel. 07/32608955, Fax 32628082

Schweizer Botschaft
7 Melbourne Ave.
Canberra (Forrest)
Tel. 06/2733977, Fax 2733428

Feiertage

Falls ein Feiertag auf einen Samstag oder Sonntag fällt, wird er am darauffolgenden Montag begangen.

1. Januar	Neujahrstag
26. Januar	Australia Day
Karfreitag und Ostermontag	
25. April	Anzac Day
Erster Montag im Mai	Labour Day
Zweiter Montag im Juni	Queen's Birthday
25. Dezember	Christmas Day
26. Dezember	Boxing Day

Fotografieren

Bei den feucht-heißen Temperaturen im Norden von Queensland sollten Sie größere Mengen von Filmen in **eskies** (einfache, transportable Kühlboxen) lagern. Schützen Sie Ihre Kamera bei Reisen im Outback vor dem feinen Staub, und benutzen Sie wegen des grellen Lichts und der klaren Luft leichte Filter. Filme sind um einiges teurer als in Deutschland und werden von Fotogeschäften in größeren Orten innerhalb einer Stunde entwickelt.

Geld

Der **australische Dollar (A$)** ist in 100 Cents unterteilt. Im Umlauf sind Münzen zu 5 ¢, 10 ¢, 20 ¢, 1 A$ und 2 A$; Banknoten zu 5 A$, 10 A$, 20 A$ 50 A$, 100 A$, 200 A$. Er unterliegt ziemlichen Kursschwankungen, bewegt sich aber meist zwischen 98 Pfennig und 1,17 DM.

Am besten besorgen Sie sich für die Reise zwei **Kreditkarten** (Visa und Mastercard/Eurocard werden fast überall akzeptiert). Bezahlen können Sie damit in fast allen Hotels und Tankstellen, nicht aber in Supermärkten. Die Automiete wird fast nur mit Kreditkarten beglichen. Achtung: In manchen Restaurants, Geschäften oder Tankstellen muß die Summe mindestens 20 A$ oder 25 A$ betragen, damit man mit der Karte bezahlen kann. Euroschecks sind unbekannt.

Travellers Cheques sind zwar sicher, die meisten Banken (lobenswerte Ausnahme: Westpac) erheben aber eine Gebühr von 5–6 A$ pro Umtausch. An den Flughäfen in Brisbane und Cairns hat Travelex ein Geldwechsel-Monopol – und ausgesprochen schlechte Kurse. Die Banken sind Mo–Do von 9.30–16 Uhr, Freitag bis 17 Uhr geöffnet.

Kleidung

Sportlich leger ist man in Australien immer richtig gekleidet. Ihre Kleidung können Sie auf der Reise gut auf Campingplätzen oder in Hotels waschen. Zwischen April und Oktober kann es abends im Süden von Queensland ab und an ein wenig frisch werden, nehmen Sie am besten einen Pullover mit. Kühl wird es dann nachts auf jeden Fall in den Höhenlagen der Nationalparks im Hinterland der Küste. Für einen Badeurlaub am Great Barrier Reef sollten Sie geschlossene Badeschuhe (**reef sandals**) zum Schutz gegen spitze Korallensteine einpacken oder vor Ort kaufen. Mit Sonnenbrille, Sonnenhut und T-Shirts (wegen der starken Sonnenstrahlen selbst im Wasser zu tragen) können Sie sich auch vor Ort ausstatten.

Maße

Australien rechnet nach dem metrischen System, doch manchmal tauchen auch andere Maße auf:
1 foot = 30,48 cm
1 yard = 91,44 cm
1 mile = 1,61 km
1 acre = 4047 qm

Medizinische Versorgung

Die medizinische Versorgung entspricht dem europäischen Standard, spezielle Impfungen sind nicht vorgeschrieben. Erneuern Sie gegebenenfalls Ihre Tetanus-Impfung, und schützen Sie sich ausreichend gegen die starke Sonneneinstrahlung. Das Wasser aus der Leitung ist trinkbar, in Outback-Gebieten sollten Sie jedoch vorsichtig sein und sich erkundigen. Planen Sie eine Reise in die weitgehend unbesiedelten Gebiete des australischen Outback, sollten Sie eine Notfall-Apotheke mitnehmen und sich ein Funkgerät besorgen, um im Notfall Kontakt mit den Flying Doctors aufnehmen zu können. Schließen Sie auf jeden Fall eine private Unfall- und Krankenversicherung ab, die auch eine Rückführung per Flugzeug nach Hause beinhaltet. Apotheke in Australien heißt **chemist**.

Notruf

Feuer, Polizei und Krankenwagen: Tel. 000

Politik

Australien (offiziell: **Commonwealth of Australia**) besteht aus sieben Bundesstaaten (einschließlich Queensland) und der Hauptstadt Canberra (Australian Capital Territory, ACT) und wird von einem Premierminister regiert. Jeder Bundesstaat hat ebenfalls einen Premierminister und ein Parlament, das eigenverantwortlich über die Bereiche Bildung und Erziehung, Verkehr, öffentliche Ordnung, Gesundheitswesen und Landwirtschaft entscheidet. Aus den Bundesstaaten setzt sich der australische Senat (ähnlich einem Bundesrat) zusammen, das Repräsentantenhaus wird vom Volk gewählt.

Australiens große Parteien sind die Labour Party und die Koalition aus Liberal Party und National Party, die Anfang 1996 die Regierung übernahm und 13 Jahre Labour-Regierung beendete. Die gleiche Koalition löste Anfang 1996 auch die Labour-Regierung von Queensland ab. Die englische Königin als Oberhaupt der Föderation wird durch einen Generalgouverneur mit repräsentativen Aufgaben vertreten. Mitte der 90er Jahre begann eine Diskussion darüber, ob Australien Anfang des nächsten Jahrtausends zur Republik erklärt werden soll.

Post

Postkarten nach Europa müssen mit 1 A$ frankiert werden, ein Luftpost-Brief (bis 20 g) kostet 1,20 A$ und erreicht sein Ziel meist nach 8 bis 10 Tagen. Die Post hat geöffnet Mo–Fr 9–17 Uhr, nur in einigen Städten auch Samstag vormittags.

Reisedokumente

Für Deutsche, Österreicher und Schweizer wird ein Visum verlangt, das die Botschaft des jeweiligen Landes kostenlos ausstellt (gültig bis zu drei Monaten). Ein **Multiple Entry Visa** sollten Sie beantragen, wenn Sie Abstecher auf Südsee-Inseln oder nach Neuseeland unternehmen und wieder nach Australien zurückkehren. Das Visum gilt, auf entsprechenden Antrag, maximal 12 Monate für Touristen. Nehmen Sie neben Ihrem nationalen Führerschein auch eine internationale Fahrerlaubnis mit.

Reisezeit

Die beste Reisezeit für Queensland und das Great Barrier Reef ist der australische Winter (der europäische Sommer) zwischen April und Oktober/November. Im Süden, vor allem aber im tropischen Norden (oberhalb von Rockhampton) und im Westen des Landes (Outback) sind die Temperaturen nicht mehr so drückend, im Meer nördlich von Mackay kann man ohne Angst vor gefährlichen Quallen im Meer baden. Die Cape York Peninsula kann nur zwischen Mai bis Oktober bereist werden, ohne daß heftige Regenfälle eine Fahrt auf den Pisten unmöglich machen. Die durchschnittlichen Tagestemperaturen liegen hier und auch im Far North zwischen erträglichen 25 und 35 °C, nachts kann es deutlich kühler werden. In Brisbane und Umgebung zeigt das Thermometer tagsüber 18–25 °C, zwischen Oktober und April steigt es auf knapp unter 30 °C an. Zwei Wochen rund um

Die genauen Klimadaten von **Brisbane**

	Durchschnittliche Temperaturen in °C		Sonnenstunden pro Tag	Regentage	Wassertemperatur in °C
	Tag	Nacht			
Januar	29,7	20,7	7,6	13	25
Februar	29,2	20,4	7,4	14	25
März	28,0	19,0	7,0	15	24
April	26,2	16,4	7,1	12	23
Mai	23,2	13,1	6,6	10	22
Juni	20,8	10,9	6,3	8	21
Juli	20,3	9,6	6,8	8	21
August	21,8	10,0	7,9	7	21
September	24,2	12,7	8,2	8	21
Oktober	26,2	15,7	8,4	9	22
November	28,0	18,1	8,2	10	23
Dezember	29,2	19,7	8,2	12	24

Quelle: Deutscher Wetterdienst, Offenbach

Weihnachten/Neujahr und Ostern sind die meisten Hotels ausgebucht und die Übernachtungspreise am höchsten. Australiens Schulferien sind Mitte Juni bis Anfang Juli und Mitte September bis Anfang Oktober.

Sprache

In Australien wird englisch gesprochen oder ironisch präzise: »strine« (sprich »strein«, abgeleitet von einem genuschelten »Australian«). Dieser Akzent ist für Fremde mit Schul-Englisch nur anfänglich etwas ungewohnt, schlimmer aber ist die schnelle Sprechweise der Aussies, die zudem die Angewohnheit haben, viele Wörter zu verkürzen. So wird beispielsweise aus **breakfast** »brekkie«, aus **barbecue** »barbie«, aus **moscito** »mozzy«. Die Sprache und einst über 200 verschiedene Dialekte der Aborigines spielen heute keine Rolle mehr in Australien, abgesehen davon, daß eine Reihe von Begriffen ins Englische übertragen oder Ortsnamen übernommen wurden. Einige nützliche Aussie-Vokabeln sind:

Aborigines (oder Aboriginals): Ureinwohner Australiens, der Begriff »abo« ist abschätzig
Aussie: Australier
BBQ: Barbecue (Grill)
billabong: Teich, Tümpel
billy: Teekessel
bitumen: Asphaltstraße
bloke: (einfacher) Kerl
bottle shop: Geschäft mit alkoholischen Getränken
bull dust: feinster Outback-Staub auf den Pisten
cuppa: Tasse
fair dinkum: echt
flu: Erkältung, Grippe (von influenca)
g'day (gidday): guten Tag
jackaroo: Lehrling auf einer Farm
jumbuck: junges Schaf
mate: Kamerad, Kumpel
mob: Herde
mud map: ungefähre Kartenskizze
muster: Zusammentreiben der Herde
never never: das »hinterste« Outback-Gebiet
no worries: kein Problem, schon okay
Outback: letztlich alles, was 300 km und mehr von der Küste entfernt liegt
Oz: Spitzname für Australien
road train: Lastzug mit zwei bis drei langen Anhängern
roo: Känguruh
sheila: lässige Bezeichnung für ein junges Mädchen
squatter: Besitzer einer Schaf-Farm
station: Farm
stock: Vieh (Rinder/Schafe)
stockman/drover: der australische Cowboy
swag: Bündel aus Schlafsack und Habseligkeiten (auch *Matilda* genannt)
tucker (bush tucker): Essen, Lebensmittel
ute: Pkw mit Ladefläche (*pick up*)
yummie: sehr lecker

Stromspannung

240/250 Volt/50 Hertz. Sie benötigen für mitteleuropäische Stecker einen dreipoligen Adapter, den Sie am Flughafen, zu Hause oder in australischen Kaufhäusern bekommen.

Telefon

Telefonkarten sind die unkomplizierteste Möglichkeit, von öffentlichen Fernsprechern zu telefonieren. Für ein Ferngespräch nach Deutschland ist es am einfachsten, kostenlos den Operator in Deutschland anzurufen, um dann die Gebühren beispielsweise über die Kreditkarte abzurechnen (Tel. 18 00/81 0490).

Mit »18 00« beginnen gebührenfreie Telefonnummern, mit 018 oder 015 werden Mobil-Telefone angewählt.

Alle Nummern in Australien ändern sich bis zum Jahre 2000. Dann wird in Queensland die einheitliche Vorwahl **07** gelten, gefolgt von acht Ziffern. Die Telecom hat eine gebührenfreie **Helpline** eingerichtet: Tel. **18 00/88 8888**, oder rufen Sie die Auskunft an: Tel. 0 13 für lokale Auskünfte, Tel. 01 75 für Nummern im übrigen Australien. Die internationale Auskunft hat die Nummer 01 03. Wenn Sie die Gebühren für einen Inlandsanruf wissen möchten, wählen Sie zuvor **012** (international **01 02**) und fragen Sie den Operator. In dieser Auflage konnten lediglich die neuen Nummern in Brisbane, der Gold Coast und der Sunshine Coast (ab Oktober 1996) berücksichtigt werden.

Vorwahlen
D, A, CH → AUS 00 61
Von Australien nach Europa zuerst 00 11 wählen, dann
AUS → D 49
AUS → A 43
AUS → CH 41
Anschließend bei der Ortsvorwahl die »0« weglassen.

Trinkgeld

Trinkgeld wird nirgendwo in Australien erwartet. Außergewöhnliche Leistungen aber können Sie nach eigenem Ermessen honorieren.

Zeitungen

Jeder Bundesstaat hat seine auflagenstärkste Zeitung, in Queensland ist es »Courier Mail«. »The Australian« ist in ganz Australien erhältlich.

Zeitverschiebung

In Queensland gibt es, außer auf einigen wenigen Resort-Inseln am Great Barrier Reef, keine Sommerzeit. Zwischen Ende April und Ende Oktober (mitteleuropäische Sommerzeit) sind die Uhren der Zeit in Europa um acht Stunden voraus, in der übrigen Zeit sind es neun Stunden.

Zoll

Zollfrei eingeführt werden dürfen Gegenstände für den persönlichen Gebrauch, Geschenke (Duty free) bis zu einem Gesamtwert von 400 A$ sowie 250 Zigaretten oder 250 g Tabak sowie 1 l Alkohol (inkl. Wein). Nehmen Sie auf keinen Fall Lebensmittel (außer Kekse oder Schokolade) mit nach Australien. Die Quarantäne-Vorschriften sind streng. Geldmengen über 5000 A$ müssen angemeldet werden. Weitere Infos beim Australian Customs Service, Brisbane, Fax 07/3835 3499.

Etwa 50 000 v. Chr.
Aborigines überqueren, von Norden kommend, eine Landbrücke bei Papua-Neuguinea und erreichen den heutigen Kontinent. Einige Wissenschaftler sind mittlerweile der Meinung, daß die Ureinwohner schon seit 120 000 Jahren auf der Landmasse leben. Etwa 10 000 v. Chr. ist der Kontinent vom Wasser umschlossen, sind die Aborigines und die australische Fauna und Flora isoliert – bis die Europäer eintreffen.

1606
Nach ersten, oberflächlichen Berichten von Italienern, Portugiesen und Chinesen durchfährt der spanische Admiral Luiz de Torres die Meerenge zwischen Australien und Papua-Neuguinea (nach ihm benannt).

1642
Der Holländer Abel Tasman befährt die südliche Küste des »Südkontinents«, dessen angezweifelte Existenz die damaligen Wisssenschaftler zu immer neuen Theorien verleitet. Tasman entdeckt das heutige Tasmanien (damals: Van Diemen's Land). Zwei Jahre später erstellt er eine erste Karte von der Nordküste.

1688
William Dampier, ein Pirat, landet in der Shark Bay an der Westküste und erforscht mehrere Monate das Land. Seine Berichte von einem trockenen, unfruchtbaren Land wecken in England keine Euphorie.

1770
Auf seiner Reise von Neuseeland aus erreicht James Cook mit seinem Schiff »Endeavour« die Ostküste (Botany Bay), geht insgesamt neunmal im Gebiet des heutigen Queensland an Land und annektiert am 22. August auf einer Insel bei Cape York (Possession Island) die Ostküste für die englische Krone (König Georg III). Ca. 300 000 Aborigines leben zu dieser Zeit auf dem Kontinent.

1788
Ein Lager in der Botany Bay soll die englischen Gefängnisse von Gefangenen entlasten. Am 18. Januar 1788 erreichen die ersten Sträflingsschiffe (»First Fleet«) mit 1500 Häftlingen die Bucht. Kapitän Phillip jedoch erscheint die benachbarte Bucht von Port Jackson geeigneter. Am 26. Januar läßt er die britische Flagge hissen (heute der Nationalfeiertag) und gründet Sydney. New South Wales wird proklamiert.

1801–1803
Matthew Flinders umsegelt den immer noch »New Holland« genannten Kontinent, fertigt eine erste Karte der Küste an und bezeichnet das Land als »Terra Australis«. Die Engländer übernehmen den Begriff, Australien ist geboren.

1824
Die ersten Strafgefangenen werden zu einem neuen Lager in der Moreton Bay deportiert, das ein Jahr später an die Mündung des Brisbane River verlegt wird. Namensgeber für die Siedlung ist der damalige Gouverneur in Sydney, Sir Thomas Brisbane. 1842 folgen »freiwillige« Siedler.

1845
Der deutsche Forscher Ludwig Leichhardt erforscht als erster den tropischen Nordosten des Landes (vom heutigen Brisbane bis östlich von Darwin).

1851
Der erste Goldrausch in New South Wales sorgt für eine mächtige Einwanderungswelle.

1859
Die »Colony of Queensland«, bis dahin Teil von New South Wales, wird gegründet und bekommt mit Sir George Bowen einen eigenen Gouverneur und ein Jahr später ein eigenes Parlament. Queensland zählt 24 000 Einwohner.

1891
Schafschererstreiks brechen rund um Barcaldine, Winton und Longreach aus, die bis 1894 andauern. Im Verlauf dieser gewalttätigen Auseinandersetzungen zwischen Squatters (Landbesitzern) und Polizei auf der einen sowie Arbeitern auf der anderen Seite wurde die ALP, die Australian Labour Party, gegründet.

1901
Sechs Kolonien (Queensland, New South Wales, Tasmania, Victoria, South Australia und Western Australia) bilden das »Commonwealth of Australia«. England verliert an Einfluß. Die Zahl der Aborigines wird auf 60 000 geschätzt, ein Fünftel der Ureinwohner, die noch bei der Ankunft der Weißen auf dem Kontinent lebten.

1914–1918
Australien kämpft an der Seite Englands im Ersten Weltkrieg. Am 25. April landen die ANZAC-Truppen (Australian and New Zealand Army Corps) im türkischen Gallipoli. Über 8000 Australier sterben im Kampf. Der 25. April ist noch heute ein Nationalfeiertag (ANZAC Day).

1920
In Longreach hebt zum erstenmal ein Flugzeug der »Queensland and Northern Territory Aerial Services« (Qantas) ab. Mit Hilfe der Gesellschaft können acht Jahre später auch die Royal Flying Doctors ihren Dienst in Cloncurry aufnehmen.

1939
Australien kämpft auf der Seite der Alliierten im Zweiten Weltkrieg.

1951
Australien (A), New Zealand (NZ) und die USA (US) verbünden sich im ANZUS-Pakt und sichern sich militärischen Beistand zu.

1960
Mehr als 3 Mio. Einwanderer sind seit dem Zweiten Weltkrieg nach Australien gekommen.

1972
England tritt der Europäischen Gemeinschaft bei, Australien verliert seinen wichtigsten Exportmarkt. Der Kontinent wendet sich den asiatischen Ländern zu und ändert langsam auch die Einwanderungspolitik. Immer mehr Asiaten wandern nach Australien ein.

1993
Mit dem Urteil des Obersten Gerichtshofes bekommt der Aborigine Eddi Mabo den Besitz der Murray Inseln in der Torres Strait zugesprochen. Damit räumt die australische Rechtsprechung ein, daß sich der Kontinent vor der Besiedlung durch Europäer sehr wohl in festem Besitz (der Aborigines nämlich) befunden habe. Immer mehr Ländereien werden jetzt an Aborigine-Stämme zurückgegeben, meist nach langen Streitigkeiten.

1996
Nach 13 Jahren muß die Labour-Regierung die Macht in Australien an eine Koalition aus Liberal Party und National Party abtreten. In Queensland vollzieht sich der gleiche Regierungswechsel.

Hier finden Sie die in diesem Band beschriebenen Orte und Ausflugsziele. Außerdem enthält das Register die Hotels, wichtige Stichworte sowie alle Tips dieses Reiseführers. Wird ein Begriff mehrfach aufgeführt, verweist die **fett** gedruckte Zahl auf die Hauptnennung. Die **Zahlen-Buchstaben-Kombinationen** nach den Seitenangaben verweisen auf die Planquadrate der Karten.

MERIAN *live!* bringt Licht in den Norden.

Wo sonst in Europa läßt sich unberührte Natur so eindrucksvoll erleben wie im hohen Norden. Faszinierende Fjordlandschaften, dramatische Gletscherberge, klare Seen und einladende Strände. Dazwischen warmherzige Gastfreundschaft und junge, pulsierende Städte.
MERIAN *live!* bringt Ihnen all dies zum Greifen nah. Mit seinem erlebnisorientierten Konzept und gewohnt klaren Texten. 9 Reiseführer stehen jetzt zur Wahl: Bornholm, Island, Norwegen, Norwegen mit dem Postschiff, Dänemark, Schweden - Der Süden, Finnland, Kopenhagen, Stockholm.

ISBN 3-7742-0299-0 Je 12,80 DM. 149 lieferbare Titel.

ISBN 3-7742-0298-2

ISBN 3-7742-0343-1

ISBN 3-7742-0283-4

ISBN 3-7742-0297-4

Mehr draus machen
Mit Gräfe und Unzer

GU GRÄFE UND UNZER

An unsere Leserinnen und Leser:

Wir freuen uns, Ihre Meinung zu diesem Reiseführer zu erfahren. Bitte schreiben Sie uns, wenn Sie Berichtigungen und Ergänzungsvorschläge haben oder wenn Ihnen etwas besonders gut gefällt:

Gräfe und Unzer Verlag
Reiseredaktion
Stichwort: MERIAN live!
Postfach 40 07 09
Isabellastraße 32
80707 München

Lektorat: Karin Szpott
Bildredaktion: Jan Scherping
Kartenredaktion:
Reinhard Piontkowski

Gestaltung: Ludwig Kaiser
Umschlagfoto: H. Dressler, Whitehaven Beach auf Whitsunday Island
Karten: Kartographie Huber
Produktion: Helmut Giersberg
Satz: A. von Sohlern
Druck und Bindung: Appl, Wemding
ISBN 3-7742-0540-X

Fotos
C. Emmler/laif 27, 50, 58, 84, 97
S. Huy 17, 38, 40, 55, 60, 61, 67, 69, 72, 73, 76, 91
H. Leue 6, 8, 23, 25, 42, 81
M. Thomas 2, 4, 5, 13, 20, 29, 31, 33, 36, 45, 48, 53, 54, 62, 65, 78, 83, 90, 92, 95, 98, 99, 102, 105, 106, 115, 116

Dieses Buch wurde auf chlorfrei gebleichtem Papier gedruckt

1. Auflage 1996